Tanja Brock

Astro-Cards

Königsfurt Urania

Bibliographische Information der Deutschen Nationalbibliothek
Die Deutsche Nationalbibliothek verzeichnet diese Publikation in der Deutschen Nationalbibliographie; detaillierte bibliographische Daten sind im Internet über http://dnb.d-nb.de abrufbar.

Originalausgabe
2. Auflage 2022

Königsfurt-Urania Verlag GmbH, Ringstr. 32, D-24103 Kiel
www.koenigsfurt-urania.com • www.tarot-online.com

Umschlaggestaltung: Daniela Zietlow unter Verwendung von Illustrationen des Sets Astro-Cosmic Event Calendar Creator
© CreativeMarket / OpiaDesigns
Projektleitung und Lektorat: Jennifer Lorenzen-Peth
Satz und Layout: Daniela Zietlow, Hamburg
Druck und Bindung: Finidr s.r.o., Tschechische Republik
Printed in EU

ISBN 978-3-86826-788-4 (Set: Booklet und Karten)

MIX
Papier aus verantwortungsvollen Quellen
FSC® C014138
FSC
www.fsc.org

INHALT

Vorwort 7

Was ist Astrologie? 10

Wie du die Astro-Cards nutzen kannst 12

Dein Geburtshoroskop und seine Deutung 15

The Big Three: Sonnenzeichen, Aszendent und Mondzeichen 19

Weitere Faktoren im Geburtshoroskop 20

Wie du (d)ein Horoskop liest 27

Symbol-Übersicht 30

Bevor du dich auf die magische Sternenreise machst 32

Die 12 Sternzeichen: Die Archetypen 33
Widder: Die Kampferische 35
Stier: Die Sinnliche 38
Zwillinge: Die Kommunikative 41
Krebs: Die Fürsorgliche 44
Löwe: Die Extrovertierte 47
Jungfrau: Die Alchemistin 50
Waage: Die Schöngeistige 53
Skorpion: Die Mystikerin 56
Schütze: Die Weltentdeckerin 59
Steinbock: Die Chefin 62
Wassermann: Die Visionärin 65
Fische: Die Träumerin 68

Die Planeten: Die Energien 71
Die Sonne: Wesen und Persönlichkeit 72
Mond: Gefühle und Unterbewusstsein 74
Venus: Liebe und Schönheit 77
Merkur: Verstand und Sprache 80
Mars: Antrieb und Kraft 81
Jupiter: Ideale und Weite 83
Saturn: Grenzen und Lektion 85
Uranus: Veränderung und Neubeginn 88
Neptun: Träume und Geist 90
Pluto: Schatten und Mystik 92
Chiron: Innere Heilung 94

Lilith: Wilde Weiblichkeit 95
Nördlicher Mondknoten: Neues Lebensziel 98
Südlicher Mondknoten: Altes Karma 99

Die astrologischen Häuser:
Die Themen und Lebensbereiche 101
1. Haus: Selbst und Identität 102
2. Haus: Ressourcen und Werte 104
3. Haus: Kommunikation und Interaktion 106
4. Haus: Heim und Familie 107
5. Haus: Freude und Spiel 109
6. Haus: Arbeit und Routine 111
7. Haus: Liebe und Partnerschaft 112
8. Haus: Transformation und Geheimnis 114
9. Haus: Lernen und Glauben 116
10. Haus: Karriere und Erfolg 118
11. Haus: Gemeinschaft und Technik 120
12. Haus: Spiritualität und Kunst 122

Die Aspekte: Interaktionen
und Verbindungen 124
Konjunktion: Verschmelzung und Energie 125
Opposition: Spannung und Gegensätze 127
Quadrat: Herausforderung und Disharmonie 129
Trigon: Unterstützung und Inspiration 131
Sextil: Chance und Gelegenheit 132

Legemuster 134
Schlusswort 152
Weiterführende Hinweise 153
Zusätzliche Anmerkung 154
Bildnachweis 156
Über die Autorin 158
Danksagung 159

VORWORT

Wenn du dein Geburtshoroskop zum ersten Mal vor dir hast, kommt es dir vielleicht so vor, als wenn du in einem dunklen Wald vor lauter Bäumen stehst und keine Ahnung hast, wo es langgeht. Voller Vorfreude wolltest du dich auf den Weg der Selbsterkundung machen und kommst aber ohne Hilfe einfach nicht weiter mit der Deutung deines Horoskops.

Ich gebe zu, dass es zu Beginn schwierig ist, bei all den geometrischen Formen, Symbolen, Zahlen und Linien überhaupt zu wissen, worauf du deine Aufmerksamkeit richten sollst, um dein Horoskop zu verstehen. Es gibt bestimmte Bereiche, die mit Symbolen gefüllt sind, während andere völlig leer sind. Wo ist oben? Wo unten? Und was bedeuten all diese Symbole, Zahlen und Buchstaben? Obwohl sie im Wesentlichen symbolisch ist, ist die Astrologie auch mathematisch. Zu verstehen, wie genau dein Geburtshoroskop berechnet wird, kann ziemlich kompliziert und verwirrend sein. Zum Glück übernehmen das heutzutage gut funktionierende Berechnungssoftwares und Tools wie z.B. das Webportal astro.com.

Die Interpretation des Horoskops hat jedoch etwas höchst Psychologisches, Spirituelles und

Magisches und sollte daher meines Erachtens immer nur mit Herz, Seele und Verstand eines mitdenkenden Menschen oder beratenden Astrologen erfolgen. Mein Anliegen ist es, dass die Astro-Cards, wie auch all meine Beiträge auf meiner Website und Social Media, Astrologie so einfach wie möglich in verständlicher Sprache erklären. Natürlich bleiben gewisse Fachausdrücke wichtig, auf die auch dieses Booklet nicht verzichten kann.

Vorab merke dir bitte Folgendes: Astrologie ist nicht Astronomie. Die beiden Lehren sind nicht zu verwechseln. Die Astronomie ist eine Wissenschaft, die das Universum und das Sonnensystem untersucht. Die Astrologie ist vielmehr wie eine Sprache zu verstehen, welche die Weisheit des Kosmos übersetzt, Symbole und Konstellationen interpretiert, die durch die Positionen der Planeten und Sternbilder und Himmelsereignisse zu einem bestimmten Zeitpunkt entstehen.

Ebenso ist sie eine sogenannte Erfahrungswissenschaft, da sich u.a. in der Astrologie einige Abläufe wie z.B. die kalendarische Abfolge des Tierkreises, die Umlaufzeit bzw. Reise der Planeten durch die 12 Zeichen oder Mondzyklen beobachten lassen.

Mithilfe eben dieser Erfahrungen arbeiten wir Astrologen. Und auch durch jedes Geburtshoroskop, das ich meinen Klienten erstelle, wächst meine Erfahrung und vertieft sich mein Wissen über die Astrologie. Dieses möchte ich durch die Astro-Cards mit dir teilen. Mit einem ganz persönlichen Einblick in mein eigenes Horoskop möchte ich verständlich machen, wie man ein Horoskop liest, deutet und interpretiert.

Die Astro-Cards werden dir dabei helfen, dass die so komplex klingenden Begriffe der Astrologie für dich nicht mehr verwirrende Fremdwörter bleiben.

Ebenso kannst du selbstständig mithilfe der Anleitung dieses Booklets lernen, die Karten der Sternzeichen, Planeten, Energien, Häuser und Aspekte sinnvoll zu kombinieren.

Einmal entschlüsselt, wirst du dein Horoskop mit den folgenden Texten auch deuten und mit der Zeit etwas besser persönlich interpretieren können. Ich möchte mit diesen schönen Karten den Schatz der Astrologie jedem zugänglich machen.

WAS IST ASTROLOGIE?

Viele Menschen verbinden mit dem Begriff »Astrologie« zunächst nur ihr Sternzeichen. Es ist natürlich richtig, wenn jemand sagt: »Ich bin Zwilling«, oder: »Mein Sternzeichen ist Waage.« Doch das ist nur die halbe Wahrheit!

Das Sternzeichen gibt nur an, dass die Sonne bei deiner Geburt in einem bestimmten der 12 Tierkreiszeichen stand. Wie in einer kosmischen Suppe gibt das Sternzeichen dem Planeten einen gewissen »Grundgeschmack«, auch als Färbung oder Wirkung zu verstehen. »Ich bin Widder« bedeutet zum Beispiel, dass die Sonne im Zeichen Widder stand, als du geboren wurdest.

Aber mit hoher Wahrscheinlichkeit bist du auch so viel mehr als »nur« ein Widder. Du bist viel komplexer, bunter und facettenreicher, genau wie das ganze Leben und der Kosmos mit seinen Energien an sich es ist. Du bist viel mehr als nur dein Sonnenzeichen (das wir gemeinhin »Sternzeichen« nennen).

Das ist die erste Einsicht, die du mit der Entdeckung deines Horoskops machen darfst. Weil sich die Astrologie eben mit der bereits beschriebenen komplexen Beziehung zwischen den Planeten und uns Menschen hier auf der Erde befasst, stellen

Horoskope die Erde als ihr Zentrum dar. Der Rest des Sonnensystems, wie die Sonne, Planeten und die Sternbilder, ist um die Erde herum angeordnet. Astrologie ist das Studium der himmlischen Zyklen und kosmischer Ereignisse, die sich in unserer irdischen Umgebung widerspiegeln. Für uns Astrologen sind die kosmischen Rhythmen, wie astrologische Transite, rückläufige Planeten oder die Mondphasen, zusätzlich eine große Hilfe, um Klarheit in den chaotischen Alltag unseres modernen Lebens zu bringen. Astrologie kann unterstützen, eine größere und weitere Perspektive in Krisenzeiten zu erhalten.

WIE DU DIE ASTRO-CARDS NUTZEN KANNST

Als Orakel- oder Inspirationskarten

Du kannst die Astro-Cards verwenden, um intuitiv Impulse und Inspirationen zu bekommen, zum Beispiel für einen Tag, eine Situation oder auch zu konkreten Fragestellungen.

Nutze dabei die Deutungsschlüssel und Kartenerklärungen:

- Die Sternzeichenkarten können in einer Legung die Archetypen, die Personen, um die es in einer Fragestellung geht, darstellen. Deine Sternzeichenkarte kann dich selbst repräsentieren, ebenso kann eine Sternzeichenkarte auch eine andere Person in einer Situation darstellen, die in der Situation einwirkt oder agiert.

- Du kannst die Planetenkarten als Indikator für herrschende Energien, Lektionen und Herausforderungen, die in einer Situation vorherrschen, deuten.

- Du kannst die astrologischen Häuserkarten in Legungen gut verwenden, um die Themen und

Lebensbereiche einer bestimmten Situation zu verorten.

- Du kannst die Aspekte gut als Klärung der Interaktion und Verbindung von Personen, Energien, Themen und Lebensbereiche nutzen.

- Du kannst vor allem die Sternzeichen- und die Häuserkarten gut als Impulskarten verwenden, da du bei ihren Erklärungen Fragen an dich findest.

Horoskop-Deutung und Interpretation

Du kannst u. a. die aktuelle Zeitqualität, d.h. z. B. Planetenbewegungen (Transite), Rückläufigkeiten oder Mondereignisse durch die Karten abbilden und verstehen lernen. Du findest auch in diesem Booklet spezielle Legemuster, die du anlässlich solcher astrologischen Ereignisse anwenden kannst.

Entschlüssle dein Potenzial, Lektionen und Schicksal, indem du dein Horoskop und Konstellationen mit den Karten legst, kombinierst und deutest.

Du kannst so die Karten u. a. verwenden, um Planetenstellungen in deinem Horoskop zu dekodieren, indem du die Platzierungen der Planeten in den einzelnen Zeichen und Häusern wie in deinem Horoskop einzeln als Karten herausnimmst und deutest.

Diverse Legungen findest du ab S. 134.

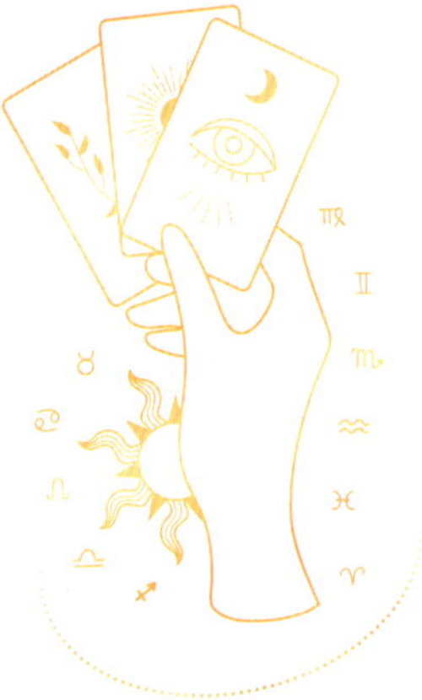

DEIN GEBURTSHOROSKOP UND SEINE DEUTUNG

Das Geburtshoroskop ist das, was wir Astrologen nutzen, um die jeweiligen Positionen und einzelnen individuellen Beziehungen zwischen den Planeten und Tierkreiszeichen zum Zeitpunkt des ersten Atemzugs einer Person zu betrachten. Aus eben diesen Positionen, wie auch den Elementen, Gradzahlen und Aspekten, werden dann die psychologischen Charakterzüge, Eigenheiten, Schatten- und Sonnenseiten, mögliche Schwierigkeiten, Energien, potenzielle Herausforderungen, Gaben und Talente einer Person astrologisch abgeleitet und interpretiert.

Vereinfacht ausgedrückt, handelt es sich bei dem kompliziert anmutenden Rundkreis ganz einfach um den Screenshot des Kosmos mit den Positionen der Planeten zum genauen und individuellen Zeitpunkt der Geburt einer Person. Dabei ist die genaue Uhrzeit auf Stunde und Minute und der Ort essenziell. Falls diese Daten nicht vorliegen, kann man sie beim Standesamt anfragen.

Dein Horoskop setzt sich aus den vier Hauptkomponenten zusammen:

Die 12 Sternzeichen: Die Archetypen: Widder bis Fische, S. 33

Planeten: Die Energien und Berechnungspunkte, S. 71
In der heutigen Astrologie kennen wir zehn Planeten: Sonne, Mond, Merkur, Venus, Mars, Jupiter, Saturn, Uranus, Neptun und Pluto. Zudem kann man mithilfe der Interpretationen für die Positionen von Chiron, die Mondknotenachse und Lilith die Untersuchung eines Geburtshoroskops nach Zeichen/Haus/Aspekt und anderen Gesichtspunkten noch sinnvoll vertiefen. Die Art und Weise, wie ein Planet oder eine Energie wirkt, wird von dem Tierkreiszeichen, in dem er steht, beeinflusst.

Die Häuser: Die Themen und Lebensbereiche und Achsen, S. 101
Sobald du verstehst, wie die einzelnen Planeten und Zeichen zusammenwirken, kannst du anhand der Häuser feststellen, wo und in welchen Situationen, Themen oder Umfeld in deinem Leben genau sich deren Wirkung zeigt. Die Planeten in den Häusern offenbaren den vollen Umfang unserer Erfahrungen und die feinsten Nuancen unserer Persönlichkeit.

Die Häuser sind unabhängig der Zeichen und Planeten, in denen sie in einem individuellen Horoskop stehen, zudem in ihren Themen und Lebensbereichen vom Kern einem jeden der 12 Tierkreiszeichen zugeordnet. Z.B. das zweite Haus dem Stier, damit geht es hier u. a. um Werte, Besitz, Materie oder Geld.

Die Achsen eines Horoskops sind die Anfänge der Häuser und werden daher auch als Häuserspitzen bezeichnet. Jeweils zwei Häuserspitzen stehen einander, um 180° versetzt, genau gegenüber. Die nachfolgend beschriebenen Achsen sind die sogenannten Hauptachsen zwischen dem 1. und 7. Haus und dem 4. und 10. Haus.

Achsen: Aszendent, Imum Coeli, Deszendent und Medium Coeli:

- Der Aszendent beschreibt deine äußere Wirkung und Erscheinung
- Das Imum Coeli gibt Auskunft über deine Seelenheimat
- Der Deszendent gibt Auskunft über ideale Partner*innen und deren Eigenschaften
- Das Medium Coeli ist wichtig für die Bestimmung deiner Berufung

Aspekte: Interaktionen und Verbindungen, S. 124

In der Kreismitte eines Horoskops sind Linien zu sehen, die einzelne Planeten verbinden, das sind die Aspekte. Sie bilden bestimmte Winkelabstände zwischen den Planeten ab. Je nach Position und Winkel auf dem Rad des Tierkreises erzeugen die Planeten starke, spannungsreiche oder harmonische Verbindungen. Die wichtigsten Aspekte lauten: Konjunktion, Opposition, Quadrat, Trigon, Sextil.

THE BIG THREE

Die sogenannten Big Three, die wichtigsten Zeichen, sind das Sonnenzeichen (*bei mir in den Zwillingen – gemeinhin Sternzeichen genannt*), das Mondzeichen (*bei mir Wassermann*) und der Aszendent oder aufsteigendes Zeichen, engl. *rising sign*, das signalisiert, wie man in der Welt auftritt (*bei mir in der Waage*).

Das Verstehen deines Sonnenzeichens auf einer tieferen Ebene ist der perfekte Weg, um die magische astrologische Reise der Selbstfindung zu beginnen, und kann dir helfen, dich besser auf deine Stärken zu konzentrieren.

Während die Sonne unser Wesen offenbart und der Mond unsere Gefühle und unser Unterbewusstsein widerspiegelt, zeigt der Aszendent auch wichtige Themen an, denen wir im Laufe unseres Lebens begegnen werden. So wird zum Beispiel die Kommunikation ein zentrales Thema im Leben eines Zwillings-Aszendenten sein oder die Arbeit für einen Jungfrau-Aszendenten.

Manchmal verbirgt man das eigene Wesen (Sonne) und die Gefühle (Mond), zeigt der Welt und Fremden nur den Aszendenten und setzt damit eine öffentliche Maske auf, beispielsweise im Bereich der Berufswelt.

Auf S. 134 findest du eine Legung dazu.

WEITERE FAKTOREN IM GEBURTSHOROSKOP

Die Elemente

Die zwölf Sternzeichen sind den vier wesentlichen Elementen zugeordnet: Luft, Feuer, Erde und Wasser. Jedes dieser vier Elemente hat eigenständige Eigenschaften, auf deren Grundenergie die zwölf Sternzeichen beruhen. Interessant sind daher auch der Anteil und die Verteilung der Elemente im Horoskop.

Luft und Luftzeichen:
Zwillinge, Waage, Wassermann
Geistige Wahrnehmung, Denken, Kommunikation
Analytik, Intelligenz, Rationalität

Feuer und Feuerzeichen:
Widder, Löwe, Schütze
Mut, Begeisterungsdrang, Vitalität
Enthusiasmus, Selbstausdruck, Leidenschaft

Erde und Erdzeichen:
Stier, Jungfrau, Steinbock
Physischer Körper, Erdung, Beharrlichkeit, Naturverbundenheit
Realität, Materie, Ausdauer

Wasser und Wasserzeichen:
Krebs, Skorpion, Fische
Gefühle, Intuition, Sensitivität
Heilung, Empathie, das Unbewusste

Die Polaritäten

Außerdem lassen sich die Elemente zudem in Polaritäten und Geschlechter aufteilen. Die Luft und Feuerzeichen gelten dabei als männlich, die Erd- und Wasserzeichen als eher weibliche Zeichen. Die Einteilung steht für die Pole wie: Plus oder Minus, Aktiv oder Passiv oder Yin oder Yang usw. Mit dem Geschlecht bist nicht du als Mensch gemeint, sondern die entweder weibliche oder männliche Energie, die das jeweilige Sternzeichen bestimmt.

Männliche Zeichen wie: *Widder, Löwe, Schütze, Zwilling, Waage und Wassermann* sind eher extrovertiert, objektiv und selbstbewusst.

Weibliche Zeichen wie: *Stier, Jungfrau, Steinbock, Krebs, Skorpion und Fische* sind eher introvertiert, subjektiv und empfangend.

Die Modalitäten

In der Astrologie sind die drei Modalitäten als kardinal, fix und veränderlich bekannt. Sie umfassen jeweils vier Zeichen und verleihen ihnen bestimmte Energien und Eigenschaften. Man kann so die Zeichen selbst auch nach jeder Jahreszeit definieren. Die kardinalen Zeichen beginnen eine neue Jahreszeit, die fixen Zeichen tragen die Mitte bzw. Fülle einer Jahreszeit und die veränderlichen Zeichen stehen im Übergang der Jahreszeiten.

Kardinale Zeichen wie *Widder, Krebs, Waage und Steinbock* sind wagemutig und aktiv.

Fixe Zeichen wie *Stier, Löwe, Skorpion und Wassermann* sind beständig und konzentriert.

Veränderliche Zeichen wie *Zwillinge, Jungfrau, Schütze und Fische* sind flexibel und anpassungsfähig.

Grade

Wie ein Kreis ist die Ekliptik, die Sonnenumlaufbahn, in 360 Grad aufgeteilt – und jeder Grad wiederum in 60 Minuten. Die ersten 30 Grade der Ekliptik stehen für den Widder, die zweiten 30 für den Stier und so weiter.

Horoskopherrscher

Dein Horoskopherrscher ist der Planet, der deinen Aszendenten beherrscht. Deinen Aszendenten findest du heraus, wenn du dir selbst dein Horoskop erstellst oder von einem Astrologen berechnen lässt.

Mein Aszendent ist Waage, daher ist der Planet Venus der übergeordnete Herrscher meines Horoskops.

Venus ist ein harmonischer Planet, der mit der Liebe, Schönheit und dem Selbstwertgefühl in Verbindung steht. Das bedeutet, dass diejenigen, die von Venus regiert werden, meist nach Schönheit im Leben streben.

Rückläufigkeiten

Planeten werden phasenweise rückläufig. Da die Erde die Sonne mit anderen Geschwindigkeiten umkreist als die anderen Planeten, scheinen sie sich am Himmel rückwärts zu bewegen. Diese optische Täuschung tritt häufiger bei den inneren Planeten wie Merkur, Venus oder Mars auf, die die

Sonne schneller umkreisen als die äußeren Planeten wie z.B. Pluto, Saturn und Neptun. Ihre Rückläufigkeit tritt seltener auf und dauert dann teilweise Monate lang. Vor allem der Planet Merkur ist durch die Medien wegen seiner Rückläufigkeitsphasen, die etwa drei Mal jährlich Kommunikation, Reisen und Technik empfindlich stören können, bekannt. Für rückläufige Planeten wie den Merkur findet sich im hinteren Teil des Booklets auf S. 140 eine Legung.

Vielleicht hast du auch die kleinen »Rs« neben den Planeten in meinem Horoskop (s. S. 27) entdeckt, neben meinem Pluto steht z.B. u.a. auch so ein kleines »R«. Das bedeutet, dass Planet Pluto, der bei mir im Skorpion steht, zum Zeitpunkt meiner Geburt rückläufig gewesen ist. Die Rückläufigkeit von Planeten im individuellen Geburtshoroskop ist vor allem bei persönlichen Planeten besonders wirksam.

Transite

In der Astrologie bezieht sich der Begriff »Transite« auf die laufende Bewegung der Planeten in Beziehung zu der individuellen Position der Planeten in deinem Geburtshoroskop. Unter Transit versteht man konkret, dass ein laufender Planet aktuell einen Aspekt bzw. Winkel zu einem Planeten in deinem Geburtshoroskop bildet. Somit spiegeln Transite aber auch ebenso unsere kollektive Realität wider und geben Auskunft über die astrologische Zeitqualität. Die Planeten sind eigentlich immer »im Transit«, da sie sich ständig bewegen. Ein Transit kann somit Einfluss auf unser persönliches aktuelles Leben haben, je nachdem, welcher Planet in welcher Wirkung und jeweiligen Aspekt involviert ist.

Dabei ist es auch wichtig zu beachten, dass sich die transitierenden Planeten dabei eben individuell nach ihrer Umlaufszeit, Wirkung und Energie und den Einfluss auf unser Geburtshoroskop unterschiedlich verhalten. So bewegen sich die Lichter Sonne und Mond und die persönlichen Planeten Merkur, Venus und Mars vergleichsweise schneller durch die 12 Sternzeichen, so dass ihre Transite und Auswirkungen eher von kürzerer Dauer sind.

Die Dauer von Transiten der sich langsam bewegenden, äußeren Planeten wie Jupiter, Saturn, Uranus, Neptun oder Pluto ist dementsprechend länger, wie auch die Wirkung auf das jeweilige Geburtshoroskop. Das Deuten von Transiten gilt in der Astrologie als gängigste Prognosemethode. Über Transite kann man sich im Voraus informieren, indem man beispielsweise in den Ephemeriden nachschlägt, einer Tabelle, in der alle Planetenbewegungen in den kommenden Monaten und Jahren aufgelistet sind, oder ein Transithoroskop erstellen lässt.

WIE DU (D)EIN HOROSKOP LIEST

Als Beispiel mein Horoskop: Ich bin am 6.6.1985 in München um 14:34 Uhr geboren.

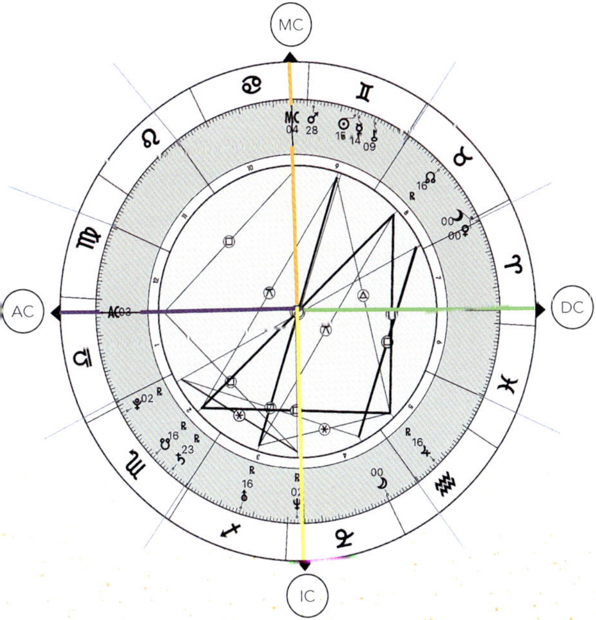

Der Rundkreis des Horoskops zeigt die Position jedes Hauses und aller Planeten zum Zeitpunkt deiner Geburt an. Die Häuser sind durch den inneren Kreis nummeriert und der Bereich innerhalb der beiden Linien um die Hausnummer ist das jeweilige Haus, in dem die Energieentfaltung der jeweiligen Planeten stattfindet.

Es findet sich jedes Sternzeichen in einem Horoskop, auch wenn man vielleicht in diesem Zeichen keine Planeten hat.

Ein Horoskop wird gegen den Uhrzeigersinn gelesen, wobei die horizontale Linie fett (in Lila) des AC (Aszendenten) das 1. Haus abgrenzt. Mein Aszendent steht auf etwa 3 Grad im Zeichen Waage. Der Aszendent, auch als aufsteigendes Zeichen bekannt, ist der am weitesten links liegende Punkt der zentralen Horizontlinie.

Achtung: Die Häuserlinien sind nicht zu verwechseln mit den Linien, die den Bereich der Sternzeichen am äußeren Rand definieren! Daher sind sie in dieser Darstellung extra fein verlängert.

Wir folgen den Häusern gegen den Uhrzeigersinn: Die nächste feine Linie stellt extra verlängert die 2. Hausspitze dar,

die nächste feine Linie danach ist die 3. Hausspitze, die danach ist die 4. Hausspitze (auch fett und in Gelb als IC bezeichnet, *bei mir im Steinbock*), die für den Imum Coeli steht,
auf der DC (steht für Deszendent - den*die ideale*n Partner*in) ist die 7. Hausspitze (in fett und Grün), *bei mir im Widder*
und der MC steht für Medium Coeli (die Berufung, *bei mir im Krebs*) und ist die 10. Hausspitze (in fett und Orange), auch Himmelsmitte genannt.
Die weiteren feinen verlängerten Linien stellen die übrigen Häuserspitzen dar.
Der Kreis endet mit dem zwölften Haus.

SYMBOL-ÜBERSICHT

Die wichtigste Grundlage für das Erlernen der Astrologie und Deuten eines Horoskops besteht darin, zunächst die im Horoskop verwendeten Zeichen und Planeten, ihre sogenannten Glyphen, und deren Bedeutung zu verstehen.

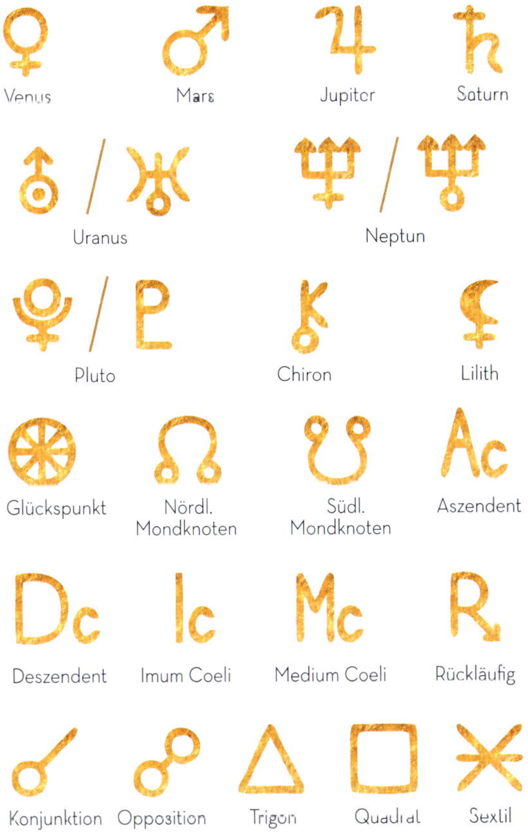
Venus
Mars
Jupiter
Saturn
Uranus
Neptun
Pluto
Chiron
Lilith
Glückspunkt
Nördl. Mondknoten
Südl. Mondknoten
Aszendent
Dc
Ic
Mc
R
Deszendent
Imum Coeli
Medium Coeli
Rückläufig
Konjunktion
Opposition
Trigon
Quadrat
Sextil

BEVOR DU DICH AUF DIE MAGISCHE STERNENREISE MACHST

Nutze die Astro-Cards als magisches Entschlüsselungstool zur Selbstfindung und Selbsterkenntnis. Selbsterkenntnis ist nicht immer leicht, aber die Karten können dich dabei wirklich unterstützen. Durch das Booklet lernst du, astrologisch zu deuten und zu interpretieren. Dabei wirst du viel Spannendes über dich selbst, aber vielleicht auch über dein Umfeld erfahren. Einblicke in deinen Charakter und das persönliche Lebenspotenzial werden vertieft, auch indem Stärken und Herausforderungen sichtbar werden.

DIE 12 STERNZEICHEN: DIE ARCHETYPEN

Der Tierkreis beginnt mit dem Widder und endet in den Fischen. Jedem Tierkreiszeichen steht ein anderes gegenüber. Daraus ergeben sich sechs Achsen:

Widder-Waage,
Stier-Skorpion,
Zwilling-Schütze,
Krebs-Steinbock,
Löwe-Wassermann und
Jungfrau-Fische.

Diese Achsen sind sehr wichtig in der Deutung, weil eine echte psychologische Weiterentwicklung erst durch das Wissen um die Polaritäten möglich wird. Das bedeutet vereinfacht, dass man durch jeweilige sogenannte »Oppositionszeichen« lernen kann und daraus ergänzende Eigenschaften erfährt.

Das Geburtshoroskop ist in 12 verschiedene Tierkreiszeichen unterteilt, von denen jedes genau 30 Grad, also ein Zwölftel eines 360-Grad-Kreises misst. Die Tierkreiszeichen färben die beweglichen Planeten und die Energien, ähnlich wie Adverbien beschreiben, wie etwas gemacht wird.

Die Tierkreiszeichen und jeweiligen Häuser, in denen die Planeten und Energien sind, zeigen somit dann nicht nur auf, wie sich ein Planet verhält.

Sondern sie geben auch hilfreiche Hinweise, wie man diese Energien ebenso als Lebenslektionen nutzen kann. Wenn wir uns das wie ein Theaterstück auf der Bühne vorstellen, sind die 12 Sternzeichen (Tierkreiszeichen), die Archetypen, Rollen oder Charaktere auf der Bühne des Lebens.

Jedes Sternzeichen aus dem Tierkreis besitzt einen herrschenden Planeten. Dieser Planet beeinflusst, wie sich das Zeichen ausdrückt, und er gibt uns Einblicke in die Persönlichkeitsmerkmale, die dem jeweiligen Zeichen innewohnen und eigen sind.

Auf den nächsten Seiten bekommst einen ausführlichen Überblick der zwölf Sternzeichen und erfährst:

- die Zeichen auf der Achse gegenüber
- ihre Modalitäten und Polaritäten
- ihre wichtigsten Eigenschaften
- welchen Elementen sie zugehörig sind
- welcher Planet ihr jeweiliger Herrscher ist
- mit welchen Archetypen sie in Verbindung gebracht werden
- welche ihre Sonnenseiten und Schattenseiten sind
- was du auf der schönen Karte siehst
- wie du die Karte in einer Legung deuten kannst.

Widder: Die Kämpferische

»Der eine wartet, dass die Zeit sich wandelt, der andere packt sie kräftig an – und handelt.«
Dante Alighieri

Sternzeichen Widder: 21. März bis 20. April
Element: Feuer
kardinal und männlich
Herrscherplanet: Mars
1. Haus: Selbst und Identität
Prinzip: »Ich kämpfe«
Achsen-Gegenüber: Waage

Im Frühling zur Widderzeit erwacht die Natur im Außen zu neuem Leben. Pflanzen beginnen zu blühen und kämpfen sich durch die teilweise noch gefrorene Erde, ebenso beginnt bei vielen Tierarten die Paarungszeit. Auch eine Geburt und der erste Schrei eines Kindes werden dem Widder zugeord-

net, wie auch alles andere, was für Neubeginn steht, wie z.B. Neugründungen.
Auch steht die Energie des Widders für einen inneren Kampfmodus und Antrieb, siegreich und erfolgreich zu sein.

Eigenschaften: leidenschaftlich, mutig, wegbereitend, siegend
Widder Archetyp: die Amazone oder Held*in, der Eroberer, Pionier*in, (Wett-) Kämpfer*in und Unternehmer*in, Tyrann, Fanatiker*in
Seine Sonnenseite ist das Mutige und Selbstbestimmte, Kämpfergeist, Tatkraft, Willensstärke, Durchsetzungsvermögen, Selbstbehauptung und Dynamik.
Seine Schattenseite ist das Zerstörerische, Ego-Denken, Aggressionen, vom Erfolg und Ehrgeiz zu sehr Getriebene, Konkurrenzdenken, Triebhaftigkeit, Wut und Ungeduld, innerer Kampfmodus.
Lernaufgabe des Widders: vom Ich zum Du zu kommen, Beständigkeit, wirklich in Beziehung zu anderen sein, Geduld, Ausdauer, Impulskontrolle

Was du auf der Karte siehst: Stolz und selbstbewusst schaut dich der ausdrucksstarke Widderkopf mit riesigen Hörnern direkt an, was seine Kraft und seinen Kampfgeist verdeutlicht. Außerdem siehst

du das astrologische Symbol des Widders sowie sein Sternenbild.
Deutungsschlüssel: Ehrgeiz, Kampf, Antrieb, Dynamik, Neustart, Sieg, unüberlegtes Tun, Wut, Streit, Impulse, Neubeginn, Pionier, Triebe

Wenn du diese Karte ziehst, steht sie möglicherweise für einen Neubeginn in jeglicher Form in deinem Leben. Das kann eine neue Beziehung oder Job sein. Sie kann aber auch für einen Konflikt oder Kampf mit einen der Themen oder Energien, die sich aus den anderen gezogenen Karten ergeben, stehen. Vielleicht sollst du dir mit dieser Karte auch die Frage stellen, wie durchsetzungsfähig du in einer bestimmten Sache bist? Könntest du etwas mehr kämpfen?
Als Personenkarte steht die Karte in einer Legung für dich, wenn du mit der Sonne im Widder geboren bist, oder für eine Person, die in einer Situation in irgendeiner Form vielleicht in einem Kampfmodus steht oder einen Konflikt vor sich hat. Sie könnte getrieben von Erfolg und ehrgeizig sein und Zerstörung, aber im besten Fall auch einen positiven Neuanfang auf den Weg bringen. Die Person, um die es in der Legung geht, tritt meist wie ein*e Einzelkämpfer*in oder eine starke Amazone auf und betreibt wohlmöglich eine Form von Extremsport.

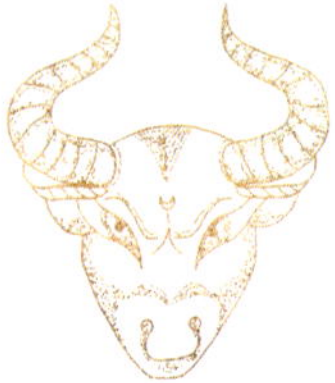

Stier: Die Sinnliche

»Schönheit ist Geist, der einen sinnlichen Leib hat.«
Bettina von Arnim

Sternzeichen Stier: 21. April bis 20. Mai
Element: Erde
fix und weiblich
Herrscherplanet: Venus
2. Haus: Finanzen und Ressourcen
Prinzip: »Ich besitze«
Achsen-Gegenüber: Skorpion

Venus als Herrscherin des Zeichen Stiers ist im Horoskop auch das Symbol für die Liebes- und Genusskraft im Menschen. Sei es durch Beziehungen, die Liebe zu einem anderen Menschen, gutes nährendes Essen, Kochen oder die kreative Beschäftigung mit dem Ästhetischen und Schönen. Ein Stier hat von Natur aus Sinnlichkeit und den

Wunsch nach Besitz, Komfort, Ruhe, Geborgenheit und Verwurzelung mit Familie und Sicherheit.

Eigenschaften: sinnlich, kreativ, sicherheitsorientiert, genießerisch
Stier Archetyp: die Sinnliche, Genießer*in, die Luxusliebende*r und das Gewohnheitstier
Seine Sonnenseite ist das Ruhige und Besonnene, Gemütliche, Lebensbejahende, die Liebe zum Schönen, Kulinarische, Entspannte, Verwurzelung, Naturliebe.
Seine Schattenseite ist das Verschwenderische, zu Bequeme, Sturheit, manchmal das zu starke Streben nach Materiellem, Besitzen-Wollen oder seine Existenzängste.
Lernaufgabe des Stiers: Loslassen, aus der Komfortzone herauskommen, Veränderungen annehmen, Reichtum nicht nur auf das Materielle beziehen

Was du auf der Karte siehst: Ähnlich wie der Widder sieht auch der gehörnte Stierkopf stark und selbstbewusst sowie geerdet aus. Außerdem siehst du das astrologische Symbol des Stiers sowie sein Sternenbild.
Deutungsschlüssel: (Selbst-)Wert, Beständigkeit, Finanzen, Sicherheit, Ressourcen, Materielles,

Schönheit, Reichtum, Sinne, Nahrung, Genuss, Körperlichkeit, Bewahren

Wenn du diese Karte ziehst, soll sie dich anregen, dich mal wieder mit Genuss, deiner Schönheit und deinem Körper auseinanderzusetzen. Vielleicht soll sie dir aber auch sagen, dass du mal wieder genießen darfst oder dir etwas Schönes kaufen kannst. Frage dich: Was möchtest du besitzen? Was gibt dir im Leben das Gefühl von Sicherheit? Was bedeutet Sinnlichkeit für dich? Auch kann die Karte für Geld und Finanzen stehen.

Als Personenkarte steht die Karte in einer Legung für dich, wenn du mit der Sonne im Stier geboren bist, oder für eine sehr sinnliche Person, die gerade mit Geldangelegenheiten oder Selbstwertfragen zu tun hat. Es könnte sich bei ihr auch um eine sehr körperliche Person handeln, auf Schönheit oder Luxus bedacht, die Erdung durch Natur benötigt. Auch Genuss oder Essen könnten ihr wichtig sein, vielleicht kocht sie für ihr Leben gern oder arbeitet vielleicht in der Gastronomie.

Zwilling: Die Kommunikative

»Warum sind wir so klug, wenn wir jung sind, so klug, um immer törichter zu werden!«
Johann Wolfgang von Goethe

Sternzeichen Zwillinge: 21. Mai bis 21. Juni
Element: Luft
männlich und veränderlich
Herrscherplanet: Merkur
3. Haus: Kommunikation und Geschwister
Prinzip: »Ich denke«
Achsen-Gegenüber: Schütze

Die vom Kommunikationsplaneten Merkur beherrschten Zwillinge sind ständig beschäftigt mit dem Sammeln und Teilen von Informationen oder Vergleichen und Analysieren von unterschiedlichen Meinungen.

Fast lebenswichtig ist ihnen wegen ihrer Neugier die stete Suche nach Wissen. Dieses Wissen wollen sie dann um jeden Preis vermitteln, im besten Fall über Wort und Schrift.

Eigenschaften: kommunizierend, geistreich, fröhlich, flexibel
Zwillinge Archetyp: die Kommunikative, Wirbelwind, Clown, Journalist*in
Seine Sonnenseite ist sein Intellekt, gute Anpassungsfähigkeit, das Quirlige, Wandelbarkeit, kluge Vernunft, Leichtigkeit und Fröhlichkeit.
Seine Schattenseite ist sein inneres Chaos, Nervosität, Zerstreutheit, innere Polarität, Schwarz-Weiß-Denken, Hin-und-Her-Gerissen-sein zwischen Gefühl und Verstand.
Lernaufgabe der Zwillinge: Entscheidungen treffen, gesunde Begrenzung des Wissensdursts und Neugier, um mehr Substanz und Gefühlstiefe zu erlangen, Erdung

Was du auf der Karte siehst: Die Illustration zweier sich zugewandter Frauengesichter deutet Kommunikation und Interaktion an und wirkt freundlich. Außerdem siehst du das astrologische Symbol des Zwillings sowie ihr Sternenbild.

Deutungsschlüssel: Neugier, Wissen, Kommunikation, Ideen, Lernen, Humor, Information, Schreiben, Frohsinn, Intelligenz, Jugendlichkeit, Denken, Chaos, Vielfalt

Wenn du diese Karte ziehst, steht sie möglicherweise dafür, dass du brillante Ideen und Gedanken entwickeln und kommunizieren darfst. Aber auch, dass du dir gerne Fragen stellen kannst: Bist du in einem Thema zu sehr im Verstand als mit dem Gefühl dabei? Vielleicht verweist sie aber auch auf deine eigene Dualität oder dass du beide Seiten einer Situation betrachten darfst, ohne schwarz-weiß zu denken.
Als Personenkarte steht die Karte in einer Legung für dich, wenn du mit der Sonne in den Zwillingen geboren bist, oder für eine Person, die sehr klug und geistreich ist und Informationen vermittelt, vielleicht sogar ein Journalist*in. So könnte diese Person Wissen oder konkret eine wichtige Nachricht an dich übermitteln. Auch wird es sich bei ihr um jemanden handeln, die viel und gerne mit anderen kommuniziert und vielleicht jünger ist oder jünger erscheint. Sie könnte im besten Fall gute Laune und positive Nachrichten überbringen, aber auch Chaos und Nervosität erzeugen oder zweideutige Botschaften bieten.

Krebs: Die Fürsorgliche

»Die Seele nährt sich von dem, an dem sie sich erfreut.«
Augustinus

Sternzeichen Krebs: 22. Juni bis 22. Juli
Element: Wasser
Kardinal und weiblich
Herrscherplanet: Mond
4. Haus: Heim und Familie
Prinzip: »Ich fühle«
Achsen-Gegenüber: Steinbock

Dieses Sternzeichen ist das mütterlichste im Tierkreis, es ist das Zeichen, welches die Wirkung des Mondes, nämlich das Fließen der Gefühle, Sensibilität, aber auch Launenhaftigkeit als Herrscher des Krebses repräsentiert.

Krebse sind meist sehr sensible Menschen, die sich auf ihr Gefühl und ihre Intuition verlassen können, um sich im Leben zurechtzufinden, und mütterlich und beschützend für ihre Familie und Umfeld agieren.

Eigenschaften: mitfühlend, pflegend, sensibel, emotional
Krebs Archetyp: die Mütterliche, Gefühlvolle*r, Sorgende*r und Pflegende*r
Seine Sonnenseite ist das Einfühlende, Nährende, die Intuitionskraft, das Kreative, Intuitive, Gespür, Kraft der Phantasie, Kreativität, Geborgenheit, Warmherzigkeit.
Seine Schattenseite ist das Melancholische, das Launische und Wechselhafte, Sich-Selbst-Vergessende, allzu Fürsorgliche, zu Verträumte, extremer Rückzug und Empfindlichkeit.
Lernaufgabe des Krebses: Gefühle sind wie Wellen im Meer, Phasen unterworfen, Intuition als Kompass, selbstständig werden, rationaler werden, seelisches Gleichgewicht erlangen

Was du auf der Karte siehst: Wunderschön sieht die Illustration des goldenen Krebses aus. Außerdem siehst du das astrologische Symbol sowie sein Sternenbild.
Deutungsschlüssel: Heimat, Zuhause, Mutter, Mitgefühl, Pflege, Zuneigung, Fürsorge, Gefühle, Launen, das Unbewusste, emotionale Sicherheit, Geborgenheit, Intuition

Wenn du diese Karte ziehst, steht sie möglicherweise für das Gefühl von zu Hause, die Mutter oder mütterliche Personen. Vielleicht hat diese Karte im engeren Sinne mit einem Thema aus der Kindheit zu tun, in dem es um Fürsorge, Geborgenheit oder Schutz geht. Diese Karte kann aber auch darauf verweisen, dass du in einer Situation auf deine Intuition und deine Träume vertrauen sollst und deine Gefühle wie Wasser fließen lassen darfst.

Als Personenkarte steht die Karte in einer Legung für dich, wenn du mit der Sonne im Krebs geboren bist, oder für eine Person, die sehr mütterlich und fürsorglich ist, und im Konkreten für deine Mutter, aber auch Großmutter oder eine werdende Mutter. Zudem könnte es in einer Legung um eine Person gehen, die eventuell in einem pflegenden Berufsfeld tätig ist und um das Wohlergehen anderer sehr bemüht ist, sich allerdings damit auch selbst allzu sehr vergessen könnte.

Löwe: Die Extrovertierte

»Andere zu meistern, erfordert Kraft, das Selbst zu meistern, erfordert Stärke.«
Laotse

Sternzeichen Löwe: 23. Juli bis 23. August
Element: Feuer
fix und männlich
Herrscherplanet: Sonne
5. Haus: Kinder und inneres Kind
Prinzip: »Ich spiele«
Achsen-Gegenüber: Wassermann

Von der Sonne als Herrscherplanet geprägt, sind Löwen angetrieben von einem ständigen Bestreben, Freude und Wärme auszudrücken. Es geht beim Löwen, dessen Herrscher die Sonne ist, und dem Löwen als König der Tiere um Glanz und Gloria und Größe. Löwen stehen häufig gerne im

Mittelpunkt und werden bewundert, gar auf einer echten Bühne, oder leben aktive, kreative Berufungen z.B. Musik, Tanz, Malerei.

Eigenschaften: strahlend, spielend, machtvoll, mutig
Löwe Archetyp: der Bühnenstar, der*die Verspielte und Kreative, Herrscher*in
Seine Sonnenseite ist seine Lebensfreude, sein Herzensmut, Führungsqualität, das Strahlende, Kraftvolle, Aktion, leidenschaftlicher und kreativer Selbstausdruck, Kraft des Herzens.
Seine Schattenseite sind Unsicherheiten über das eigene Selbst, Gier nach Lob, Ruhm und Aufmerksamkeit durch andere oder ein Publikum, Großspurigkeit, Maßlosigkeit.
Lernaufgabe des Löwen: Verantwortung und Führung für die eigenen Handlungen zu übernehmen, die eigene Stärke maßvoll und umsichtig, zum Wohle aller nutzen

Was du auf der Karte siehst: Majestätisch, stolz und extrovertiert schaut uns der wunderschöne Löwenkopf an. Außerdem siehst du das astrologische Symbol sowie sein Sternenbild.
Deutungsschlüssel: Selbstbewusstsein, Selbstbehauptung, Selbstausdruck, Auftritt, Spiel, Mut,

Lebensfreude, Vitalität, Optimismus, Ruhm, das Opulente

Wenn du diese Karte ziehst, steht sie möglicherweise für Lebenskraft und Leidenschaft. Vielleicht soll die Karte ein Hinweis dazu liefern, dass du mit einem Projekt oder dir selbst auf eine Bühne gehen sollst. Auch könnte sie für Selbstbewusstsein stehen. Wie intensiv lebst du und drückst dich kreativ aus? Die Karte könnte aber in einer Legung auf Macht und Autoritäten in einer Situation verweisen, auf die du besser achten solltest.
Als Personenkarte steht die Karte in einer Legung für dich, wenn du mit der Sonne im Löwen geboren bist, oder für eine Person, die sehr kreativ, mutig und leidenschaftlich ist, aber auch Autorität ausstrahlen kann. Vielleicht steht die betreffende Person in irgendeiner Form auf einer Bühne. So könnte sie in einer Legung beispielsweise ein*e Sänger*in, Schauspieler*in oder Kreative*r sein. Wohlmöglich besitzt diese Person viel Charisma und Ausstrahlung, um auch ohne Bühnentätigkeit im Mittelpunkt zu stehen.

Jungfrau: Die Alchemistin

»In einem aufgeräumten Zimmer ist auch die Seele aufgeräumt.«
Ernst Freiherr von Feuchtersleben

Sternzeichen Jungfrau:
24. August bis 23. September
Element: Erde
veränderlich und weiblich
Herrscherplanet: Merkur
6. Haus: Arbeit und Gesundheit
Prinzip: »Ich arbeite«
Achsen-Gegenüber: Fische

Die Jungfrau konzentriert sich grundsätzlich auf alltägliche Themen wie Arbeit und Ordnung, aber auch körperliche Themen, Details und alle Angelegenheiten in Bezug auf Gesundheit und Heilung. Die Jungfrau teilt sich mit den Zwillingen den

Herrscher Merkur. Das Zeichen Jungfrau hat eine nahezu magische spirituelle Verbindung zur Natur und auch zur angewandten Magie, Heilkunst, Naturheilkräften und einen tiefen Zugang zu Pflanzen und Tieren.

Eigenschaften: dienend, ordnend, analytisch, fleißig
Jungfrau Archetyp: die*der Dienende, Workaholic, die*der Fleißige und Pflichtbewusste
Ihre Sonnenseite ist ihre vernünftige, natürliche und praktische Einstellung zum Leben und Arbeit, ihr Dienst für das Allgemeinwohl und die Natur, ihr vernünftiges und kluges Denken.
Ihre Schattenseite ist Pedanterie, Nervosität, Sauberkeitsfimmel, Engstirnigkeit, Prüderie, Nüchternheit, Kleinlichkeit, Misstrauen, Verzicht auf Genuss, Hypochondrie.
Lernaufgabe der Jungfrau: die übertriebene Selbstkritik und übertrieben hohen Perfektionismus abmildern, sich nicht allzu sehr im Detail zu verlieren und das große Ganze sehen

Was du auf der Karte siehst: Lieblich, in sich ruhend und wunderschön sieht die frontale Darstellung des Frauengesichts aus. Außerdem siehst du das astrologische Symbol sowie ihr Sternenbild.

Deutungsschlüssel: Analyse, Ordnung, Organisation, Ernährung, Routine, Reinigung, Arbeit, Beobachtung, Anpassung, Vernunft, Realismus, Fleiß, Disziplin, Hygiene, Pflicht

Wenn du diese Karte ziehst, steht sie möglicherweise für einen Zusammenhang mit deinem Beruf beziehungsweise für Arbeit. In einer Legung mit anderen Karten symbolisiert sie vielleicht ein Projekt oder eine Aufgabe, welche du mit mehr Ordnung angehen darfst. Auch möglich, dass du mehr auf Details achten sollst und realistisch und vernünftig handeln musst.
Als Personenkarte steht die Karte in einer Legung für dich, wenn du mit der Sonne in der Jungfrau geboren bist, oder für eine Person, die sehr fleißig, pflichtbewusst und arbeitsam bist. Vielleicht bietet diese Person dir Hilfe an, etwas, das du besitzt, in Gold bzw. Erfolg zu verwandeln. In einer Legung kann es aber auch um eine Person gehen, die eventuell sehr viel bis zu viel arbeitet und dazu neigt, sehr detailverliebt und gründlich zu sein.

Waage: Die Schöngeistige

»Ohne Schönheit kann ich nicht leben.«
Albert Camus

Sternzeichen Waage:
24. September bis 23. Oktober
Element: Luft
kardinal und männlich
Herrscherplanet: Venus
7. Haus: Beziehung und das Du
Prinzip: »Ich beziehe mich«
Achsen-Gegenüber: Widder

Das Sternzeichen Waage bezieht sich in seinem Leben vor allem auf Beziehungen und Werte wie das Schöne und das Gute, schließlich ist ihr Planetenherrscher Venus. In ihrer reinsten Form bringt uns die Waage-Energie ins Gleichgewicht, so zeigt sie uns jedoch auch schnell auf, was nicht ausgeglichen ist. Daher bemühen sich Waage-Geborene meist sehr um ausreichend Harmonie.

Eigenschaften: ausgleichend, diplomatisch, friedvoll, charmant
Waage Archetyp: die Waage oder Ästhet*in, Liebende*r, Diplomat*in, Schöngeist, Gerechte, Ausgleichende
Ihre Sonnenseite ist das Verbindende und Zugewandte, ihr künstlerischer Feingeist, Kompromissbereitschaft, Gerechtigkeitssinn, Geschmack, feine Manieren.
Ihre Schattenseite ist ihre Harmoniesucht, das Idealisieren, mehr beim »Du« als beim »Ich« zu sein, sich dem lieben Frieden willen selbst vergessen.
Lernaufgabe der Waage: vom Du zum Ich zu kommen, die Fähigkeit, sich im Spiegel des Du's selbst wichtiger zu nehmen und Selbstfürsorge stärken

Was du auf der Karte siehst: Eine sich im Gleichgewicht befindliche stilvolle Waage, ihr astrologisches Symbol sowie ihr Sternenbild.
Deutungsschlüssel: Ästhetik, Gerechtigkeit, Harmonie, Liebe, Beziehung, Stil, Werte, Schönheit, Kommunikation, Edles, Freundlichkeit, Spiegel, Gleichgewicht

Wenn du diese Karte ziehst, steht sie möglicherweise für deine persönlichen Beziehungen. Sie könnte ein Hinweis sein, dass sich eine Situation in Harmonie und Gleichgewicht entwickelt. In einer Legung deutet sie Diplomatie als Lösung für eine schwierige Situation an. Im Sinne der Schönheit steht sie für attraktive Menschen, Kunst, Werte oder Kommunikation.
Als Personenkarte steht die Karte in einer Legung für dich, wenn du mit der Sonne in der Waage geboren bist, oder für eine Person, die sehr feingeistig ist und sich der Schönheit und Ästhetik verschrieben hat. Diese Person hat aber ebenso einen großen Sinn für Moral und Gerechtigkeit und könnte im Rechtsbereich tätig sein. In einer Legung könnte es sich aber auch eventuell um eine*n Partner*in handeln, da für das Sternzeichen Waage Beziehungen nahezu über allem stehen.

Skorpion: Die Mystikerin

»Das Schönste, was wir erleben können,
ist das Geheimnisvolle.«
Albert Einstein

Sternzeichen Skorpion:
24. Oktober bis 22. November
Element: Wasser
fix und weiblich
Herrscherplanet: Pluto
8. Haus: Wandlung und Grenzerfahrung
Prinzip: »Ich vertiefe«
Achsen-Gegenüber: Stier

Es sind die Grenzthemen des Planetenherrschers Pluto, wie Mystik, Macht, Sexualität, Schmerz, Krankheit, Tod und (Eigen-)Macht und Verbindung zu unseren Ahnen, das Dunkle im Menschen und Veränderung, die dem Skorpion vertraut sind.

Denn das Hauptprinzip des Skorpions lautet: »Stirb und werde.« Skorpione haben die Gabe, die Wahrheit tief zu ergründen und unliebsame Schatten und Schwächen anderer ans Licht zu bringen.

Eigenschaften: transformativ, geheimnisvoll, forschend, ergründend
Skorpion Archetyp: Mystiker*in, Detektiv*in, Schamane*in, Psychoanalytiker*in
Seine Sonnenseite ist seine Tiefgründigkeit, Ernsthaftigkeit, tiefe Gefühle empfinden zu können, die Gabe, tiefenpsychologisch Schatten zu erkennen.
Seine Schattenseite ist das allzu Gebundene, Eifersucht, Kontrolle, seine Leidensfähigkeit, übersteigerter Zynismus, Machthunger, Manipulationskraft.
Lernaufgabe des Skorpions: Vermeiden des Auslotens von Grenzen und Machtrausch, besser die anderen und sich mit der tief-durchdrungenen Wahrheit heilen

Was du auf der Karte siehst: Besonders eindrucksvoll wirkt der eingerollte Schwanz des goldenen Skorpions mit den großen Scheren, was ihn nicht ganz ungefährlich wirken lässt. Außerdem siehst du das astrologische Symbol sowie sein Sternenbild.

Deutungsschlüssel: Transformation, Spiritualität, Macht, Geheimnis, Mystik, Trauma, Leidenschaft, Tiefe, Dunkel, Stirb-und-Werde, Loslassen, Auflösung, Macht

Wenn du diese Karte ziehst, steht sie möglicherweise für Geheimnisse oder für tiefe Themen in deinem Leben, die eine Transformation bewirken könnten. Vielleicht soll die Karte dir einen Hinweis dazu liefern, dass du dich dem Mysterium des Lebens und der Spiritualität weiter öffnen darfst. Sie lädt dich zum Vertiefen ein! Möglicherweise konfrontiert dich die Karte aber auch mit deinen Schatten oder ermutigt dich, dich von bestimmten Gewohnheiten oder Menschen zu verabschieden. **Als Personenkarte** steht die Karte in einer Legung für dich, wenn du mit der Sonne im Skorpion geboren bist, oder für eine Person, die sehr geheimnisvoll und mysteriös erscheint. In einer Legung könnte diese Karte auf jemanden verweisen, der mit Magie, Mystik und Spiritualität zu tun hat. Es könnte aber auch ein Mensch sein, der sich mit Psychoanalyse oder Grenzthemen beschäftigt und in dein Leben tritt, um Geheimnisse zu lüften.

Schütze: Die Weltentdeckerin

»Was ein Mensch an Gutem in die Welt hinausgibt,
geht niemals verloren.«
Albert Schweitzer

Sternzeichen Schütze:
23. November bis 21. Dezember
Element: Feuer
veränderlich und männlich
Herrscherplanet: Jupiter
9. Haus: Glaube und Wissen
Prinzip: »Ich glaube«
Achsen-Gegenüber: Zwillinge

Die Energie des Schützen soll uns lehren, dass jeder Weg unseres Lebens reich an Werten, Wissen und Erfahrungen ist. Die Erkenntnisse aus der Weite unseres Glaubens, dem Entdecken, Lernen und neugierigen Streben nach Höherem führen zum Glück. Unter den Schütze-Geborenen können echte Idealisten gefunden werden, die Optimismus versprühen. Geprägt vom Planetenherrscher Jupiter sind Schützen oft Weltreisende, Philosophen*innen und Abenteurer*innen, die Spannung im Leben brauchen.

Eigenschaften: entdeckend, souverän, nach Weite strebend, wissbegierig
Schütze Archetyp: die Weltentdeckerin, Abenteurer*in, Philosoph*in, Gelehrte*in
Seine Sonnenseite ist seine Weltoffenheit, Streben nach Idealen, Wegweiser und horizonterweiternd für andere sein, Begegnung der Kulturen und Abenteuerlust.
Seine Schattenseite ist innere Anspannung, exzessive Sinnsuche, Dogmatismus, moralische Überheblichkeit, Selbstgerechtigkeit, den Alltag abzulehnen.
Lernaufgabe des Schützen: sich selbst Grenzen setzen bei der steten Sinnsuche, die zur Sucht werden kann, die wahren Ziele nicht aus den Augen verlieren

Was du auf der Karte siehst: Eine Illustration von Pfeil und Bogen, scheinbar eine goldenen Spur am Himmel zeichnend, außerdem das astrologische Symbol sowie sein Sternenbild.

Deutungsschlüssel: Philosophie, Ideale, Abenteuer, Sinn, Wachstum, Moral, Glaube, Religion, Reise, Kultur, Politik, Lernen, Souveränität, Ziele, Glück, Reichtum

Wenn du diese Karte ziehst, steht sie möglicherweise für eine glückliche Fügung/Wendung in deinem Leben. Sie kann aber auch in einer Legung mit anderen Karten darauf verweisen, dass in einer Situation alles seinen Sinn und Zweck hat und du eine wichtige Erfahrung machen kannst. Auch möchte dich die Karte möglicherweise auf ein Abenteuer und eine echte oder spirituelle Reise einladen, bei der du viel über dich und den Sinn des Lebens lernen darfst. Sei offen und halte an deinen Idealen und Werten fest

Als Personenkarte steht die Karte in einer Legung für dich, wenn du mit der Sonne im Schützen geboren bist, oder für eine Person, die in irgendeiner Weise ein Abenteurer sucht, und sich gerne auf den Weg macht, die Welt zu entdecken. Diese Person besitzt aber ebenso Leidenschaft und Interesse an Wissen und jeglichen Philosophien oder Religionen. In einer Legung könnte diese Personenkarte für jemanden stehen, der in dein Leben tritt und Glück und Spannung bringt.

Steinbock: Die Chefin

»Das Geheimnis eines glücklichen Lebens liegt in der Entsagung.«
Mahatma Gandhi

Sternzeichen Steinbock:
22. Dezember bis 20. Januar
Element: Erde
kardinal und weiblich
Herrscherplanet: Saturn
10. Haus: Karriere und Erfolg
Prinzip: »Ich strukturiere«
Achsen-Gegenüber: Krebs

Steinböcke sind stets am Aufstieg orientiert und streben nach Status, Verantwortung, Struktur, Erfolg und Pflichterfüllung. Steinböcke sind meist höchst verstandesorientierte Menschen. Sie neigen dazu, für einen Job oder ein Hobby einen starken Ehrgeiz zu entwickeln. Sie wollen gern das Ansehen und die Verantwortung in der Familie und ihrem Umfeld bewahren. Saturn, der Planetenherrscher der Steinböcke, ist der weise, aber auch strenge Lehrer des Lebens, der uns mit seinen schweren Prüfungen und Verzicht zu wertvollen und tiefen Einsichten verhilft.

Eigenschaften: strukturiert, pflichtbewusst, diszipliniert, weise
Steinbock Archetyp: die Chefin, der Patriach, der*die Gerechte und Ernste
Seine Sonnenseite ist sein unermüdliches Streben nach Erfolg und Karriere, Gefühlskontrolle, Pflichtbewusstsein, Ernsthaftigkeit, Struktur, Klarheit.
Seine Schattenseite ist das Unbewegliche, starre Festhalten an bewährten Mustern und strengen Strukturen, seine Arbeitssucht, Freudlosigkeit und allzu Ernste.
Lernaufgabe des Steinbocks: sich die eigene kindliche, bedürftige Seite und Gefühle zugestehen, die eigene Prinzipientreue auflockern und Leichtigkeit erlangen

Was du auf der Karte siehst: Wahrlich voll Würde und Stolz schaut uns der prachtvolle Steinbock an, den man sich tatsächlich sofort als ein »hohes Tier«

vorstellen kann. Außerdem siehst du das astrologische Symbol sowie sein Sternenbild.
Deutungsschlüssel: Pflicht, Verantwortung, Wahrheit, Ambition, Treue, Ratio, Grenzen, Disziplin, Norm, Geduld, Zuverlässigkeit, Erfolg, Karriere, Kontrolle, Verzicht

Wenn du diese Karte ziehst, steht sie möglicherweise für einen Zusammenhang mit deiner Karriere oder Erfolg. Vielleicht verweist die Karte aber auch darauf, dass du in einer Situation mehr Verantwortung übernehmen sollst und deine Pflichten erfüllen musst. In einer Legung mit anderen Karten könnte sie zudem bedeuten, dass du mit Grenzen oder strengen Autoritäten oder Verzicht zu rechnen hast.
Als Personenkarte steht die Karte in einer Legung für dich, wenn du mit der Sonne im Steinbock geboren bist, oder für deinen Vater oder eine väterliche Figur in deinem Leben, wie auch vielleicht dein Großvater, Lehrer oder Vorgesetzter. Diese Person besitzt eine strenge und weise Ausstrahlung und will dich möglicherweise an gewisse Pflichten oder Traditionen erinnern. Vielleicht wird in einer Situation mehr Ernsthaftigkeit von dir verlangt, weswegen diese Personenkarte auftaucht.

Wassermann: Die Visionärin

»Nichts ist mächtiger als eine Idee zur richtigen Zeit.«
Victor Hugo

Sternzeichen Wassermann:
21. Januar bis 19. Februar
Element: Luft
fix und männlich
Herrscherplanet: Uranus
11. Haus: Gemeinschaft und Zukunftsvision
Prinzip: »Ich weiß«
Achsen-Gegenüber: Löwe

Uranus, der Herrscherplanet des Zeichen Wassermann, ist ein geistiger Planet und fördert bei den Wassermännern und -frauen einige echte Individualisten zutage. Wassermann-Energie kann dazu führen, dass wir gegen die Art und Weise, wie die

Dinge normalerweise getan werden, rebellieren und uns in eine komplett für uns neue und in eine vielleicht verrückt anmutende Richtung bewegen. Der Wassermann ist oft der, der Technologie erfindet und den Zeitgeist prägt, der unsere Zukunft gestaltet.

Eigenschaften: originell, visionär, zukunftsorientiert, freiheitsliebend
Wassermann-Archetyp: die Visionärin, Netzwerker*in, Menschenfreund*in und Rebell*in
Seine Sonnenseite ist, viel frischen Wind in die Welt zu tragen, den Überblick zu bewahren, individuelle Ideen zu entwickeln, unabhängig und geistreich zu sein.
Seine Schattenseite ist, sich aus Umständen zu befreien, die eigentlich gut und sinnvoll sind, unberechenbar zu sein, Flucht, Gefühlskälte, Widersprüchlichkeit.
Lernaufgabe des Wassermanns: die Angst vor Bindung und Beständigkeit verlieren und sich nicht isolieren, den Drang, ständig besonders und originell sein zu wollen, überwinden

Was du auf der Karte siehst: Das aus dem Krug herauslaufende Wasser wirkt wie ein Fischschwanz, der Krug selbst, mit einem Mondsymbol verziert, könnte in der Phantasie auch einen Kopf darstellen. Außerdem siehst du das astrologische Symbol sowie sein Sternenbild.

Deutungsschlüssel: Intellekt, Vision, Freiheit, Technik, Fortschritt, Globales, Netzwerk, Gruppen, Rebellion, Zeitgeist, Gesellschaft, Menschlichkeit, Veränderung, Originalität

Wenn du diese Karte ziehst, steht sie möglicherweise für einen Umbruch oder eine Veränderung. Vielleicht verweist die Karte aber auch auf die Energie des Visionären und bedeutet, dass du in einer Situation auf Fortschritt und ungewöhnliche Ideen setzen kannst. Im Zusammenhang mit den anderen Karten einer Legung darfst du dich vielleicht von einem Menschen, einem Ort oder einer Situation befreien

Als Personenkarte steht die Karte in einer Legung für dich, wenn du mit der Sonne im Wassermann geboren bist, oder für eine Person, die sehr freigeistig und möglicherweise ein originelles Unikat ist. Diese Person ist wahrscheinlich ein Menschenfreund, könnte aber auch ein Forscher oder Wissenschaftler sein. In einer Legung könnte es sich um jemanden handeln, der dir Gemeinschaftssinn vermitteln will und durch ein hohes Maß an Individualität faszinierend ist.

Fische: Die Träumerin

»Ich schließe meine Augen, um zu sehen.«
Paul Gauguin

Sternzeichen Fische:
20. Februar bis 20. März
Element: Wasser
veränderlich und weiblich
Herrscherplanet: Neptun
12. Haus: Spiritualität und Vorstellungskraft
Prinzip: »Ich spüre«
Achsen-Gegenüber: Die Jungfrau

Fische-Geborene versuchen ihren Geist in den Sinnen und Träumen aufzulösen, um transzendent zu werden. Durch ihren Planetenherrscher Neptun wollen sie sich mit der Quelle alles Seins und mit dem Universellen verbinden. Das Sternzeichen Fische schwimmt daher allzu gern in einem Meer der unbegrenzten Kreativität und Liebe zu allen Menschen und wählt oft den Rückzug in die Stille, um nicht von allen Empfindungen, Eindrücken, auch von den Gefühlen der anderen, überwältigt zu werden.

Eigenschaften: verträumt, kreativ, grenzenlos, heilend
Fische-Archetyp: die Träumerin, Friedensstifter*in, Künstler*in, Eremit*in
Seine Sonnenseite ist seine fluide Anpassungsfähigkeit, Phantasie, Feinfühligkeit, Opferbereitschaft, tiefes Verständnis, mediale und feinstoffliche Gabe.
Seine Schattenseite ist es, allzu phlegmatisch zu sein, Haltlosigkeit, Sucht, undurchsichtig zu sein, unrealistisch zu sein, kein Abgrenzungsvermögen zu besitzen.
Lernaufgabe des Fisches: den Wunsch nach Realitätsflucht und Auflösung in eine spirituelle Erfahrung oder Kunst zu verwandeln, Rationalität entwickeln

Was du auf der Karte siehst: Die zwei schwimmenden Fische mit ihren detailreichen Flossen erinnern an die feinen Koi-Fische und scheinen mit ihren Körpern ein Yin-Yang-Symbol zu bilden.

Außerdem siehst du das astrologische Symbol sowie ihr Sternenbild.
Deutungsschlüssel: Träume, Kreativität, Frieden, Feinsinn, Stille, (Sehn-)Sucht, Täuschung, Realitätsverlust, Kunst, Frieden, Surreales, Heilen, Phantasie

Wenn du diese Karte ziehst, steht sie möglicherweise für deine Träume, aber auch das Surreale in einer Situation. Vielleicht musst du ungetrübt die Wahrheit erkennen und möglicherweise darf auch etwas heilen. Bist du vielleicht das Opfer einer Täuschung? Im Zusammenhang mit den anderen Karten einer Legung kann es aber auch sein, dass du dazu eingeladen wirst, mehr Fantasie und Kreativität in dein Leben einzuladen.
Als Personenkarte steht die Karte in einer Legung für dich, wenn du mit der Sonne in den Fischen geboren bist, oder für eine Person, die sehr feinstofflich und empfindsam ist und auf jede Schwingung, Gerüche oder Stimmung von außen reagiert. Möglich ist, dass diese Person daher als eine Art Einsiedler zurückgezogen lebt. Als Personenkarte in einer Legung könnte sie sowohl für jemanden stehen, der dir Heilung bringt, als auch ein Hinweis auf einen täuschenden Charakter sein.

DIE PLANETEN: DIE ENERGIEN

In deinem Horoskop sagt die Planetenstellung zum Zeitpunkt der Geburt durch ihre Position in den verschiedenen 12 Sternzeichen, der Häuserstellung und bildenden Aspekte zueinander viel über die Wirkweise deiner Lebensenergien aus. Dabei verweist jeder Planet auf besondere Qualitäten und Lernaufgaben der Seele.

Die Planeten stellen den sogenannten beweglichen Teil der Astrologie dar, weil sie unseren individuellen Ausdruck in der Welt und unseren Seelenweg durch ihre Energie prägen. Jeder Planet symbolisiert eine andere Komponente des Lebens. Psychologisch gesehen können wir sie ebenso als Bedürfnisse, aber auch Triebfedern bezeichnen: Sonne, Mond, Merkur, Venus, Mars, Jupiter, Saturn, Uranus, Neptun und Pluto.

Die verschiedenen Energien der Planeten, aber auch Berechnungspunkte wie Lilith und die Mondknoten oder Planetoid Chiron können je nach Haus und Zeichen, in dem sie stehen, stark in ihrer Wirkung variieren.

Tipp: Um noch mehr über die Wirkweise der Planeten zu erfahren, schlage beim zugeordneten Sternzeichen-Zitat nach, z. B. Sonne, der Löwe:

»Andere zu meistern, erfordert Kraft, das Selbst zu meistern, erfordert Stärke.« (Laotse)

Die Lichter: Sonne und Mond

Von allen Planeten sind die beiden wichtigsten Planeten in der Astrologie für die Deutung eines Horoskops die sogenannten »Lichter«, das sind die Sonne und der Mond.

Die Sonne: Wesen und Persönlichkeit

Planetenherrscher des Löwen
Was du auf der Karte siehst: Golden, kraftvoll und warm leuchtet die Sonne im dunklen Weltall. Außerdem siehst du das astrologische Symbol der Sonne.
Deutungsschlüssel: Wesen, Bewusstsein, Lebenskraft, Gaben, Fähigkeiten, Selbstvertrauen, Entfaltung, Wille, Selbstverwirklichung, Herz, Zentrum, Vater

Im Geburtshoroskop: Dein Sonnenzeichen, d.h. in welchem der 12 Sternzeichen die Sonne zum Zeitpunkt deiner Geburt stand, erklärt deinen Wesenskern und Gaben sowie Fähigkeiten, die du durch das jeweilige Zeichen besitzt.
Meine Sonne steht z. B. in den Zwillingen und prägt daher mein kommunikatives Wesen.

Astrologische Energie und Kartendeutung: Die Sonne ist das Licht, die Lebenskraft und das Zentrum in unserem Sonnensystem. Sie ist überlebenswichtig für den Organismus mit all seinen Lebensformen.
Positiver Ausdruck: Lebenslust, Charisma, Gestaltung, Vitalität
Negativer Ausdruck: Großmut, Egozentrik, Dominanz, Arroganz
Die Sonne in den Sternzeichen kann die Antwort auf folgende Fragen geben: Wer bin ich von meinem Wesen her? Welche Fähigkeiten und Gaben nutze ich? Was soll mir in einer Situation bewusstwerden? In einer Legung mit mehreren Personenkarten steht die Karte für dich selbst, möglicherweise auch dein Ego, könnte aber auch für den Vater stehen.
Die Sonne in den Häusern kann Antwort auf die Frage geben: In welchen Lebensbereich entfaltet sich mein Wesen bestmöglich?

Mond: Gefühle und Unterbewusstsein

Planetenherrscher des Krebses

Was du auf der Karte siehst: Die vielen hellen und dunklen »Flecken« des Mondes kann man oft am Nachthimmel sehen. Seine milchige Farbe verleiht ihm etwas Zartes und Geheimnisvolles. Außerdem siehst du das astrologische Symbol des Mondes.

Deutungsschlüssel: Gefühle, Unterbewusstsein, Seele, Gemüt, Nähe, Launen, Geborgenheit, inneres Kind, Heimatverbundenheit, emotionale Sicherheit, Mutter

Im Geburtshoroskop: Dein Mondzeichen, d.h. in welchem der 12 Sternzeichen der Mond zum Zeitpunkt deiner Geburt stand, erklärt die Färbung deines Gemüts, deine Instinkte, bzw. deine unbewusste Gefühlswelt. Deine unbewussten emotionalen Bedürfnisse, die dem Mond zugeschrieben werden, unterscheiden sich von denen, die dir bewusst sind, wie z.B. die Energie deiner Sonne.

Mein Geburtsmond steht im Wassermann, das bedeutet u.a., dass meine Gefühlswelt viel Freiheit und Unabhängigkeit benötigt, damit ich mich wohlfühle.

Astrologische Energie und Kartendeutung: Unser Mondzeichen symbolisiert unsere sensitive emotionale Anlage, die uns mit in die Welt gegeben wurde. Man könnte auch sagen, die emotionale Heimat deines inneren Kindes wird stark von der Energie des Mondzeichens beeinflusst. Es offenbart ebenso einiges über die Ursprungsfamilie, das Verhältnis zur eigenen Mutter. Auch gibt das Mondzeichen einen Hinweis darauf, was wir brauchen, damit wir uns rundum wohl und geborgen fühlen.

Positiver Ausdruck: Instinkt, Intuition, Phantasie, Fruchtbarkeit, Weiblichkeit

Negativer Ausdruck: dunkel, Launen, Melancholie, Heimatlosigkeit, Affekt

Der Mond in den Sternzeichen kann die Antwort auf folgende Fragen geben: Welche Färbung besitzt mein Gemüt? Wie fühle ich? Was braucht es, damit ich mich wohlfühle? Was ist mir vielleicht unbewusst? Wenn in einer Legung mehrere Personenkarten sind, geht es vielleicht um deine Mutter, eine mutterliche Figur, Mutterschaft oder Heimat.

Der Mond in den Häusern kann Antwort auf die Frage geben: In welchen Lebensbereich führen mich meine Instinkte und meine Intuition?

Die Hausstellung des Mondes in deinem Geburtshoroskop zeigt den Lebensbereich an, in dem du zu den stärksten Emotionen neigst und in dem du häufig wechselnde Bedingungen erleben kannst. Das Haus des Mondes gibt auch Hinweise auf die Art der Aktivitäten, die im häuslichen Bereich stattfinden.

Extra: Die Mondphasen: Jeden Monat durchläuft der Mond seine Phasen vom Neumond über eine zunehmende Sichel, den Halbmond bis hin zum Vollmond und zurück. So wie wir Menschen auch innere und äußere Phasen durchlaufen. Der Phasenwechsel entsteht, weil die Mondkugel immer nur zur Hälfte von der Sonne angestrahlt wird. Steht der Mond genau zwischen Erde und Sonne, dreht er uns die unbeleuchtete Seite zu, ist es Dunkel- oder Neumond. Steht er im rechten Winkel zur Sonne, sehen wir den Halbmond. Der Vollmond steht der Sonne genau gegenüber und findet dann im gegenüberliegenden Achsenzeichen statt. Im hinteren Teil, bei den Legungen auf Seite 134, findest du eine Voll- und Neumond-Legung.

Die persönlichen Planeten: Venus, Merkur, Mars

Die Planeten Merkur, Venus und Mars haben viel mit unserem inneren und persönlichen Leben zu tun und befinden sich zwischen der Umlaufbahn der Erde und der Sonne. Diese Planeten haben während ihrer Reise durch die 12 Sternzeichen viel Einfluss auf unsere aktuelle Stimmung und Zeitqualität, weil sie sich recht schnell durch den Tierkreis bewegen und darin mehrmals im Jahr das Zeichen wechseln.

♀

Venus: Liebe und Schönheit

Planetenherrscher des Stiers und der Waage
Was du auf der Karte siehst: Wunderschön rostbraun meliert und warm leuchtet die Venus im All, schließlich gilt sie als der Planet mit der heißesten

Oberfläche. Außerdem siehst du das astrologische Symbol der Venus.

Deutungsschlüssel: Wertschätzung, Schönheit, Kunst, Anziehungskraft, Stil, Erotik, Liebesbeziehungen, Genuss, Luxus, Verführung, Hingabe, Geschmack

Im Geburtshoroskop: Dein Venuszeichen, d.h. in welchem der 12 Sternzeichen die Venus zum Zeitpunkt der Geburt stand, zeigt sich, wenn wir etwas wertschätzen, sei es eine andere Person oder ein neues Auto, das Gefühl der Liebe und des Mitgefühls, das wir empfinden können. Umgekehrt regiert dieser Planet auch den Genuss.

Meine Geburtsvenus steht im Stier und damit im sogenannten »Domizil«. Weil der Stier, wie auch die Waage, von der Venus beherrscht wird, ist sie somit planetarisch zuhause und kann sich in meinem Leben verstärkt entfalten. Und ich bin tatsächlich auch ein totaler Genussmensch und liebe alles Schöne und gutes Essen. Ich mag es sehr, mich schön zu machen und v.a. feminine, hübsche Kleider zu tragen. Zudem inspiriert mich die Schönheit der Natur sehr und schenkt mir Erdung.

Positiver Ausdruck: Harmonie, Charme, Sinnlichkeit, Diplomatie, Sanftmut

Negativer Ausdruck: Selbstverliebtheit, Eitelkeit, Eifersucht, Neid, Lust, Untreue

Astrologische Energie und Kartendeutung: Ob es sich nun um Selbstwertschätzung oder einfach nur um dekadenten Selbstgenuss handelt, indem wir uns amüsieren, immer zeigt sich so die Venus. Wenn wir uns in einem Kaufrausch befinden, ein köstliches Essen genießen oder lieben, ist es die Venus, die es uns ermöglicht, all die guten Dinge des Lebens und uns selbst wertzuschätzen.

Venus in den Sternzeichen: Im Horoskop einer Frau zeigt das Venuszeichen die Qualitäten an, mit denen sie Partner anzieht, außerdem im Horoskop eines Mannes zeigt das Venuszeichen den Typ an, der ihn anzieht. Das gilt aber auch Vice-versa, also umgekehrt.

Venus in der Stellung im jeweiligen Haus zeigt an, mit welchen Menschen man Beziehungen eingeht, sowohl Freundschaften als auch Romanzen, und in welchem Bereich man einen ästhetischen oder genussvollen Ausdruck findet.

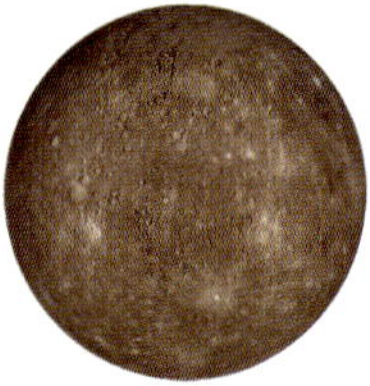

Merkur: Verstand und Sprache

Planetenherrscher der Zwillinge und der Jungfrau
Was du auf der Karte siehst: Kräftig wirkt der Merkur durch seine dunkle, braune Farbe, gesprenkelt mit hellen Flecken gilt er eben als sogenannter Gesteinsplanet; außerdem siehst du das astrologische Symbol des Merkurs.
Deutungsschlüssel: Ideen, Kommunikation, Sprache, Gedanken, Nerven, Vermittlung, Verstand, Gespräche, Intellekt, Lernen, Trick, Theorie, Logik, Nachricht
Im Geburtshoroskop: Merkur steht für Gedanken, Ideen und den mentalen Prozess.
In meinem Horoskop steht Merkur in den Zwillingen im Domizil (im Zuhause) und macht Kommunikation und Flexibilität zu meinen größten Stärken.

Astrologische Energie und Kartendeutung: Es geht um Kommunikation, per Telefon, schriftlich oder gesprochen. Die Karte steht für Nachrichten und Verstand.

Positiver Ausdruck: Redekunst, Beredsamkeit, Überzeugungskraft, Klugheit

Negativer Ausdruck: Lüge, Täuschung, Betrug, Schwindel, List, Fälschung

Merkur in den Sternzeichen zeigt den persönlichen Kommunikations-, Denk- und Lernstil. Ein gut positionierter starker Merkur im Horoskop wie z.B. in Luftzeichen, ohne hemmende Aspekte, weist auf einen brillanten Verstand hin.

Merkur in der Stellung im jeweiligen Haus verrät die Lebensbereiche, in denen du deinen Verstand, Kommunikation und Intellekt gut und sinnvoll einsetzen kannst.

♂ 

Mars: Antrieb und Kraft

Planetenherrscher des Widders

Was du auf der Karte siehst: Auch der Mars wirkt

wie der Merkur durch die rot-braune Farbe stark und kräftig. Er ist der erdähnlichste aller Planeten; außerdem siehst du das astrologische Symbol des Mars.

Deutungsschlüssel: Antrieb, innere Motivation, Wille, Initiative, Wettkampf, Kraft, Gewalt, Kampf, Sexualität, Eroberung, Sieg, Hitze, Dynamik, Ehrgeiz, Streit

Im Geburtshoroskop: Im Horoskop einer Frau ist das Marszeichen ein Faktor, der auf die Art des Partners schließen lässt, den sie anzieht, und steht für den inneren Antrieb im Leben.

Mein Mars in den Zwillingen macht Neugier, Kommunikation und Wissensvermittlung zu meinen größten Antriebsfedern.

Astrologische Energie und Kartendeutung: Mars treibt uns auch gegen Dinge an und schickt uns in den Krieg und den Kampf. Hinweis auf Vitalität und Kraft.

Positiver Ausdruck: Kampfgeist, Durchsetzungsvermögen, Aktion, Ehrgeiz

Negativer Ausdruck: Wut, Härte, Zerstörung, Krieg, Gefahr, Aggression

Mars in den Sternzeichen zeigt, wie deine Vitalität, dein Energieniveau und deine Art, zu handeln, gestaltet ist. Und färbt die Weise, wie du dich im Streit verhältst.

Mars in der Stellung im jeweiligen Haus verweist auf die Bereiche und Einsatzorte, in denen sich dein innerer Antrieb am besten entfaltet, aber auch die Bereiche, in denen du wohlmöglich die meisten Konflikte im Leben austrägst.

Die sozialen oder gesellschaftlichen Planeten: Jupiter und Saturn

Jupiter und Saturn sind von den sichtbaren Planeten die am weitesten von der Erde entferntesten. Jupiter hat eine Umlaufszeit im Tierkreis von etwa einem Jahr und Saturn ca. 30 Monate. Ihr astrologischer Einfluss färbt auf das soziale Verhalten ab.

♃ 

Jupiter: Ideale und Weite

Planetenherrscher des Schützen
Was du auf der Karte siehst: Jupiter strahlt in verschiedenen Farben, wirkt fast gemustert mit blau-grau-roten Streifen. Er gilt als der größte Planet

des Sonnensystems; außerdem siehst du das astrologische Symbol des Jupiters.
Deutungsschlüssel: Erfolg, Großzügigkeit, Ideal, Tugend, Sinn, Glück, Wachstum, Weite, Optimismus, Überfluss, Expansion, Toleranz, Aufgeschlossenheit
Im Geburtshoroskop zeigt das Zeichen, in dem Jupiter steht, die eigene Lebensphilosophie und Sinnfindung an.
Mein Jupiter im Wassermann schenkt mir einen originellen und freigeistigen Sinn und stärkt den Wunsch, meine Lebensphilosophie mit der Gesellschaft zu teilen.

Astrologische Energie und Kartendeutung: Jupiter ist der planetarische Guru und prägt, wie wir durchs Leben gehen. Die Karte verweist auf Übertreibung.
Positiver Ausdruck: Güte, Edelmut, Überzeugung, Gerechtigkeit, Reichtum
Negativer Ausdruck: Übertreibung, Maßlosigkeit, Dogmatismus, Naivität
Jupiter in den Sternzeichen prägt die eigene Moral und Lebenssinn.
Jupiter in der Stellung im jeweiligen Haus zeigt, in welchen Bereichen wir optimistisch sind. Hier weitest du dein Dasein aus und machst Dinge in großem Stil.

♄

Saturn: Grenzen und Lektion

Planetenherrscher des Steinbocks

Was du auf der Karte siehst: Was für ein Planet! Kein anderer ist so typisch und hat ein so markantes Zeichen, den Ring, der ihn unverwechselbar macht. Saturn besteht übrigens überwiegend aus Gasen. Außerdem siehst du das astrologische Symbol des Saturns.

Deutungsschlüssel: Grenze, Entbehrung, Mangel, Realität, Ernst, Verantwortung, Pflicht, Verzicht, Tradition, Karma, Prüfung, Gesetz, Lebenslektion

Im Geburtshoroskop: Die Stellung von Saturn in den Zeichen besagt, wie und welche Verpflichtungen und Lektionen du erfüllen musst, indem du auch Opfer bringen musst.

Mein Saturn steht im Skorpion und beweist meine Sturheit und Rastlosigkeit.

Astrologische Energie und Kartendeutung: Saturn ist als strenger Lehrer zu sehen, er nimmt in die Pflicht für Lektionen und straft mit Blockaden und Verzicht.

Positiver Ausdruck: Struktur, Verantwortung, Erfahrung, Demut, Lektion

Negativer Ausdruck: Strenge, Härte, Blockade, Depression, Frustration

Saturn in den Sternzeichen zeigt Grenzen und Verantwortungsgefühl des jeweiligen Archetypens und wie wir mit Prüfungen und Blockaden umgehen.

Saturn in der Stellung im jeweiligen Haus zeigt, in welchen Bereichen es an Struktur, Disziplin und Verantwortung mangelt. Ebenso verweist er auf das Karma aus früheren Leben.

Die äußeren oder Planeten der Generationen: Uranus, Neptun und Pluto

Es sind die Planeten Uranus, Neptun und Pluto, die am Himmel nicht sichtbar und deren Zyklen länger sind als die durchschnittliche Reise durch den Tierkreis der anderen Planeten. Die Energien dieser Planeten geben uns Astrologen Auskunft über unser Leben jenseits der Zeit. Hier finden wir Informationen darüber, wie wir uns selbst verändern

(Uranus), wie wir unsere Erfahrungen spirituell und geistig verstehen (Neptun) und wie wir von ihnen abhängen und uns mit ihnen identifizieren (Pluto). Diese drei Planeten nennt man in der Astrologie auch Generationsplaneten, weil wir uns die Prägung in den Sternzeichen durch die lange Verweildauer in einem Zeichen mit vielen anderen teilen. Persönlich aufschlussreicher ist die Interpretation der Stellung im Geburtshoroskop, wenn man das Haus, in dem einer der drei steht, einzeln betrachtet.

Uranus verweilt etwa sieben Jahre in einem Zeichen, manchmal etwas länger, wenn er rückläufig ist, und er braucht 84 Jahre, um den gesamten Tierkreis zu durchlaufen – also so ziemlich eine Generation.

Neptun verbringt etwa 14 Jahre in jedem Zeichen, ebenso mit gelegentlichen kürzeren Abstechern in benachbarte Zeichen, wenn er rückläufig ist, und braucht etwa 160 Jahre, um den gesamten Tierkreis zu durchlaufen.

Plutos Umlaufbahn ist extrem eigen und man geht von etwa 12 bis 31 Jahren aus, die er in einem Zeichen verbringt.

Uranus: Veränderung und Neubeginn

Planetenherrscher des Wassermanns
Was du auf der Karte siehst: Starke Schraffierungen scheinen die Oberfläche des Uranus zu prägen, aber seine fast türkise Farbe ist umwerfend schön. Auf dem Uranus wehen übrigens auch mal stärkere Winde. Außerdem siehst du sein astrologisches Symbol.
Siehe S. 31: Die Symbol-Darstellung des Uranus kann auch anders gestaltet sein.
Deutungsschlüssel: Originalität, Unabhängigkeit, Rebellion, Befreiung, Idee, Zeitgeist, Veränderung, Trennung, Revolution, Ungewöhnliches, Neubeginn, Wandel
Im Geburtshoroskop verrät seine Stellung in den Sternzeichen, in welcher Weise wir nach Freiheit und Unabhängigkeit streben.
Mein Uranus steht bei mir im Schützen und steht für mich als auch für meine ganze Generation in-

nerhalb der Geburtszeit von 1981–1988 für einen idealistischen Zeitgeist, der philosophische Fragen an die Gesellschaft stellt.

Astrologische Energie und Kartendeutung: Uranus verhilft zu ungewöhnlichen Ideen und unterstützt, dass wir neue Lösungen für alte Probleme finden. Er steht für Erfindungen, technische Neuerungen und plötzliche Einsichten.
Positiver Ausdruck: Individualität, Emanzipation, Neuanfang, Fortschritt
Negativer Ausdruck: Utopie, Kälte, Distanziertheit, Exzentrik, Wankelmut
Uranus in den Sternzeichen: Große Gruppen von Menschen innerhalb einer Generation besitzen das gleiche Uranus-Zeichen und haben vermutlich einen ähnlichen humanitären Spirit und Freigeist.
Uranus in der Stellung im jeweiligen Haus verweist auf die Bereiche und Themen im Leben, in denen du vielleicht schon Unabhängigkeit lebst oder viel mit Umbrüchen und Veränderungen zu tun hast.

Neptun: Träume und Geist

Planetenherrscher der Fische
Was du auf der Karte siehst: Was für eine tolle Farbe! Aquamarinblau leuchtet dieser wunderschöne Planet im All. Neptun ist der Planet mit dem größten Temperaturschwankungen. Außerdem siehst du das astrologische Symbol des Neptuns.
Deutungsschlüssel: Sucht, Traum, Sehnsucht, Empfänglichkeit, Verwirrung, Täuschung, Illusion, Rausch, Phantasie, Kunst, Hellsicht, Ideale, Märchen, Geist
Im Geburtshoroskop beeinflusst Neptun den spirituellen Lebensstil einer Generation.
Meine Generation von 1984–1998 teilt sich den Neptun im Steinbock. Man zeigt sich auf spiritueller Ebene sehr verantwortungsbewusst und besonnen.

Astrologische Energie und Kartendeutung: Neptun steht für Sehnsucht, sich in traumgleichen Sphären verlieren, spirituelle Praxis oder für Täuschungen jeder Art.

Positiver Ausdruck: Trance, Grenzenlosigkeit, Auflösung, Medialität

Negativer Ausdruck: Schwäche, Opfer, Verführung, Nebel, Sucht, Täuschung

Neptun in den Sternzeichen ist nur von Bedeutung, wenn Neptun einen starken Aspekt zur Sonne, Mond oder persönlichen Planeten im Horoskop bildet. Beispielsweise eine Konjunktion oder ein Quadrat.

Neptun in der Stellung im jeweiligen Haus verweist auf die Bereiche, in denen man gerne mal vor der Realität flüchtet, an Sehnsüchten oder Sucht leidet und Verwirrungen oder Täuschungen erlebt. Es ist ebenso der Bereich, in dem man Spiritualität praktiziert oder geistige mediale Arbeit ausübt.

Pluto: Schatten und Mystik

Planetenherrscher des Skorpions
Was du auf der Karte siehst: Große Flächen auf der Oberfläche kennzeichnen diesen Planeten mit mokka-brauner Färbung, der aufgrund seiner Größe als sogenannter Zwergplanet gilt. Außerdem siehst du das astrologische Symbol des Pluto.
Siehe S. 31: Die Symbol-Darstellung des Pluto kann auch anders gestaltet sein.
Deutungsschlüssel: Macht, Schatten, Karma, Mystik, (Familien-)Geheimnis, Sexualität, Intensität, Verdrängung, Grenzüberschreitung, Schmerz

Astrologische Energie und Kartendeutung: eine Energie, durch die tiefer verdrängte Schatten an die Oberfläche und Geheimnisse ans Licht kommen
Im Geburtshoroskop zeigt Pluto, wie man als Generation mit »dunklen« Themen umgeht.

Meine Generation 1983 bis 1995 mit Pluto im Skorpion setzt sich intensiv mit Grenzthemen wie Leben und Tod, Okkultismus oder Mystik auseinander.

Positiver Ausdruck: Magie, Heilung, Transformation, Macht, Regeneration

Negativer Ausdruck: Verstrickung, Besessenheit, Trauma, Ohnmacht, Abhängigkeit

Pluto in den Sternzeichen zeigt an, wie man in einer Generation von etwa 20 Jahren in einem Zeichen mit Transformation und Grenzthemen umgeht.

Pluto in der Stellung im jeweiligen Haus verweist auf die Bereiche, in denen Trauma, Macht oder Ohnmacht, Verlust, Erbe oder Besessenheit erlebt werden.

Astrologische Berechnungspunkte: Karmische Bedingungen

Zu den Planeten, die astrologisch ein Horoskop prägen, gibt es auch Himmelskörper wie Chiron und Berechnungspunkte wie Lilith und die Mondknoten in der Ekliptik der Sonnenumlaufbahn. Diese sind vor allem in der spirituelleren und karmischen Astrologie von Bedeutung.

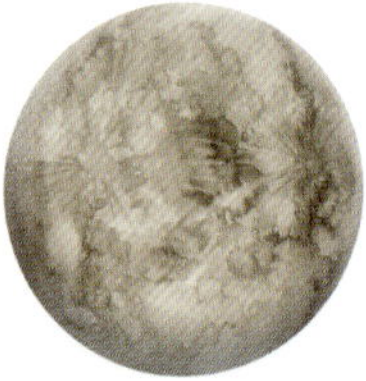

Chiron: Innere Heilung

Was du auf der Karte siehst: Chiron wirkt mausgrau, auf der Karte ist seine Wirkung durch goldene Linien hervorgehoben, ebenso versteckt sich auch seine Deutung im Horoskop, bis man sich ihr annimmt. Zudem sieht du das astrologische »Schlüssel«-Symbol des Chiron.
Deutungsschlüssel: Wunde, (Kindheits-)Verletzung, Schmerz, Heilung, Schutzmauer, Schatten, Gaben, Ablehnung, Schwäche, Erlösung, Schamanismus

Astrologische Energie und Kartendeutung: Der Himmelskörper Chiron wurde erst im Jahr 1977 entdeckt und ist somit in der Astrologie eher eine neuere Deutungsenergie. Er symbolisiert unseren Schmerz, der angenommen und geheilt, aufgelöst und in eine neue Erfahrungswelt übertragen werden will, in der wir uns auch leichter spirituellen Praktiken gegenüber öffnen. Als Karte weist er auf die Anteile, vielleicht gar verborgenen Talente im Leben hin, die du vielleicht aus Angst, abgelehnt oder nicht geliebt zu werden, versteckt hältst.

Chiron in den Sternzeichen beschreibt die inneren wunden Punkte und Verletzungsthemen anhand der Archetypen, Eigenschaften und Schattenthemen, die es von Schmerz zur Heilung hin zu erlösen gilt. Er verweist auch auf verborgene Gaben.

Chiron in der Stellung im jeweiligen Haus verrät, in welchen Bereichen des Lebens man vielleicht allzu verletzlich auf die Reaktionen von anderen reagiert und häufig Ablehnungen erwartet. Diese Bereiche wollen gesehen und geheilt werden.

Lilith: Wilde Weiblichkeit

Was du auf der Karte siehst: Eine grafische Abbildung eines Mondes und das astrologische Symbol der Lilith aus Mond und Kreuzsymbol.

Deutungsschlüssel: Kontrollverlust, Wildheit, Geschlechterkampf, Hexe, Magie, Weiblichkeit, Urkraft, Provokation, Magnetismus, das »Böse«, Sexualität

Astrologische Energie und Kartendeutung: In der Astrologie ist Lilith ein fiktiver Planet: kein echter Himmelskörper, vielmehr ein bestimmter berechneter Punkt im Horoskop. Lilith wird auch als »Schwarzer Mond« bezeichnet. In einem Horoskop gilt Lilith als energiereicher Ausgangspunkt unserer Bemühungen, unsere Schatten in der aktuellen Inkarnation zu überwinden. Lilith ist ähnlich wie Saturn Hinweis auf eine Lebenslektion, allerdings mehr in einer weiblichen mystischen Note. Wenn wir auf die Kernthemen unserer inneren karmischen wilden Weiblichkeit (das gilt auch für Männer) kommen, können wir einen anziehenden Magnetismus aktivieren.
Lilith in den Sternzeichen zeigt über die Archetypen deine Schwachstelle, deinen wunden Punkt, auch gerade in Bezug auf deine eigene wilde Weiblichkeit und Urkraft als Frau und die Lektion, die es zu lernen gilt, um Macht über die eigenen Kräfte zu erlangen.
Lilith in der Stellung im jeweiligen Haus hilft zu verstehen, in welchen Lebensbereichen eine Person im Leben Provokationen, Versuchungen und Prüfungen zu erwarten hat.

Die Mondknoten-Achse

Du fragst dich immer wieder mal, ob dein Leben vorherbestimmt ist?

Die im Geburtshoroskop enthaltenen Mondknoten, bekannt als nördlicher Mondknoten (aufsteigend) und südlicher Mondknoten (absteigend), können wie der magische Interpretations-Schlüssel für dein Schicksal und die karmischen Lektionen deines Lebens genutzt werden. Diese sind die Schnittpunkte der Mondbahn mit der Ekliptikebene. Abgeleitet vom Sternbild »Draco« = Drache, werden die beiden Mondknoten auch oft als »Drachenköpfe« bezeichnet.

Oft wird in einem Runddiagramm nur der nördliche Mondknoten aufgezeigt, doch genau gegenüber befindet sich der südliche Mondknoten. Du kannst dir den südlichen Mondknoten immer ableiten, weil er auf der klassischen Sternzeichen-Achse im Gegenzeichen liegt, siehe auch dazu S. 33.

Siehe Horoskop-Beispiel auf S. 27, *bei mir: nördlicher Mondknoten im Stier und südlicher Mondknoten im Skorpion.*

Nördlicher Mondknoten: Neues Lebensziel

Was du auf der Karte siehst: Eine goldene Abbildung eines Horoskopkreises und das astrologische Symbol des nördlichen Mondknotens nach unten hin geöffnet, vor einem wunderschönen Sternenhimmel.
Deutungsschlüssel: Lebensziel, Bestimmung, Zukunft, Potenzialentfaltung, Lebensglück, Vision, Respekt, Demut, Lebensweg, Berufung, persönliches Schicksal

Astrologische Energie und Kartendeutung: etwas, vor dem wir Angst oder Respekt haben, das aber lohnend wäre, in diesem Leben zu erreichen. Als Karte auch der Aufruf, das eigene Schicksal in die Hand zu nehmen!
Nördlicher Mondknoten in den Sternzeichen gibt einen Hinweis, wie und wer du in diesem Leben »mehr« werden solltest, um dein volles Potenzial zu leben.

Nördlicher Mondknoten in den Häusern: die spirituellen Lektionen, die du in diesem Leben meistern sollst. Der Bereich, in dem du dein Schicksal umschreiben darfst.

Südlicher Mondknoten: Altes Karma

Was du auf der Karte siehst: Eine goldene Abbildung eines Horoskopkreises und das astrologische Symbol des südlichen Mondknotens nach oben hin geöffnet, vor einem wunderschönen Sternenhimmel.

Deutungsschlüssel: unbewusstes Handlungsmuster, Vergangenes, Herkunft, Gewohnheiten aus der Kindheit, frühere Leben, unerlöstes Karma, Seelenpartner

Astrologische Energie und Kartendeutung: eine vertraute Energie, die uns vielleicht ein Leben lang begleitet, vielleicht auch ein Mensch, zu dem wir uns hingezogen fühlen. Unbewusste Programme in uns, die sich in der Energie der Achse abspielen, die sich in immer wiederkehrenden Lektionen zeigen.

Südlicher Mondknoten in den Sternzeichen: Der Archetyp gibt Hinweise auf ein bestimmtes Schicksal, die Rolle in deinem früheren Leben, die du mit dir trägst.

Südlicher Mondknoten in den Häusern: Spürst du vielleicht ein nicht greifbares inneres Wissen in dir, vielleicht aus einer früheren Inkarnation?

Das Haus, in dem der südliche Mondknoten steht, offenbart die Bereiche, in denen dein Karma wirkt.

Die Erlösung des Schicksals vom südlichen Mondknoten ist immer im nördlichen Mondknoten zu finden. Die Polaritäten der gegenüberliegenden Zeichen sind für unser inneres Wachstum in diesem Leben notwendig!

DIE ASTROLOGISCHEN HÄUSER: DIE THEMEN UND LEBENSBEREICHE

Das Geburtshoroskop ist in 12 gleiche Abschnitte unterteilt, die die Häuser bilden.

Oft kann es Astrologie-Anfänger*innen verwirren, welche denn nun die Ränder bzw. Grenzen der Häuser und welcher der Rand des Tierkreises ist, das auf der jährlichen Drehbewegung der Sonne basiert. Das zeigt auch das Beispiel meines Horoskops auf S. 27. Dort steht sowohl das 1. Haus als auch das 2. Haus noch knapp im Zeichen der Waage. Wichtig ist wirklich, dass wir uns an den Häuserspitzen orientieren. Und jedes Zeichen erstreckt sich über 30 Grad, und wir können 30 winzig kleine schwarze Striche entlang des äußeren Teils des Rads der Zeichen sehen.

Die Häuser stehen für verschiedene Lebensbereiche. Sie zeigen, wo und wie sich die Wirkung eines Planeten oder die Energie eines Berechnungspunktes entfaltet. Das Sternzeichen in einem Haus fungiert dabei wie ein Hausherr, dessen Geschmack bei der Gestaltung des Lebensbereiches eben einen bestimmenden Einfluss hat.

Die Spitze eines Hauses ist der Anfang des jeweiligen Hauses, der genaue Punkt, an dem das Haus beginnt. Die 1. Hausspitze ist die fette schwarze Linie, die du auf S. 27 siehst, und zur Beschriftung des Aszendenten führt.

Häuserspitze 1. Haus: AC oder Aszendent
Häuserspitze 4. Haus: IC oder Imum Coeli
Häuserspitze 7. Haus: DC oder Deszendent
Häuserspitze 10. Haus: MC oder Himmelsmitte

Übrigens: Auch wenn ein Haus leer ist, also kein Planet in ihm steht, kann man dennoch Interpretationen ableiten. Das Sternzeichen, das an der Spitze oder dem Anfang des Hauses sitzt, bestimmt, wie man diesen Lebensbereich gestaltet.

1. Haus: Selbst und Identität

Was du auf der Karte siehst: In sich ruhend und ganz auf sich konzentriert erscheint die nackte Frau im meditativen Sitz mit langen Haaren und einer feingliedrigen Blume mit mehreren Blüten quasi als Tattoo. Ihr Herzchakra strahlt.

Lebensbereich: Persönlichkeit, Bewusstes Selbst, Identität und wie andere dich sehen, dein Typ, was dich einzigartig macht, deine Außenwirkung
Deutungsschlüssel: du selbst, deine Persönlichkeit, Ich-Ausdruck, dein Auftritt in der Welt, Lebenskraft, »deine Maske«, äußere Erscheinung, Konstitution
Im Geburtshoroskop: Wenn beispielsweise ein Planet im 1. Haus in deinem Geburtshoroskop steht, macht er einen wesentlichen Teil deines Ich-Gefühls aus und prägt deine Identität und Person.
Entspricht dem AC (Aszendenten): Das Zeichen, das an der Spitze des 1. Haus steht, entspricht deinem Aszendenten. Das Zeichen deines Aszendenten beeinflusst, wie dich andere wahrnehmen und mit welcher Energie du in der Welt auftrittst.
Analogie: Das 1. Haus ist das sogenannte Widderhaus und entspricht den Bereichen im Leben, die im Kern mit der Grundthematik des Sternzeichen Widders zu tun haben, wie dem Ich und der Persönlichkeit.

Kartendeutung: Es geht darum, deine eigenen Anliegen besser durchzusetzen, eine Ausstrahlung zu haben, vital zu sein und die eigene Persönlichkeit auszudrücken.

Fragen, die du dir in Bezug auf dieses Haus und in einer Legung stellen kannst: Hast du das Gefühl, dass man dich so wahrnimmt, wie du bist? Kannst du dich durchsetzen und wirst gesehen?

2. Haus: Ressourcen und Werte

Was du auf der Karte siehst: Die goldene Frau, die auf einem schwebenden Halbmond sitzt, jongliert links als auch rechts grafisch dargestellte Schätze und Werte. Die Blume auf ihrem Kopf betont Erdung, aber auch Fülle. Auch ihr Herzchakra leuchtet.

Lebensbereich: Vermögen, greifbare Werte, Geld, materielle Sicherheit, Fülle, Luxus, Ressourcen, Körperbewusstsein, Selbstwert

Deutungsschlüssel: Umgang mit Finanzen, Beziehung mit Geld, Gewinn und Verlust, Ausgaben, Reichtum, Besitz, Talente

Im Geburtshoroskop: Wenn beispielsweise ein wichtiger Planet im 2. Haus in deinem Geburtshoroskop steht, steht er für deine Verbindung zu Finanzen und Besitz, aber auch für den eigenen Selbstwert. Ein stark besetztes 2. Haus, das bedeutet, mehrere Planeten im 2. Haus, weisen auf den dringenden Wunsch nach materieller Sicherheit hin.

Analogie: Das 2. Haus ist das sogenannte Stierhaus und entspricht den Bereichen im Leben, die im Kern mit der Grundthematik des Sternzeichen Stiers zu tun haben, wie Sicherheit und Finanzen.

Kartendeutung: Es geht in einer Situation um deinen Selbstwert, Finanzen oder Besitz. Vielleicht hängst du zu sehr an Besitz und Materiellen oder erfährst Genuss und Fülle.

Fragen, die du dir in Bezug auf dieses Haus und in einer Legung stellen kannst: Nutzt du alle Talente, die du besitzt? Bist du dir deiner angeborenen Ressourcen und innerem Reichtum bewusst? Hast du das Gefühl, dass du in Fülle lebst?

3. Haus: Kommunikation und Interaktion

Was du auf der Karte siehst: Der sinnliche Frauenkopf ist umgeben und verbunden mit Symbolen wie Händen, Augen und Mund, die auf Kommunikation und Interaktion verweisen.

Lebensbereich: Kommunikation, Wissen, Schreiben, Geschwister, Intellekt, Informationsaustausch, Telefonieren, Briefe, Chat, Klatsch & Tratsch, Kurzreise

Deutungsschlüssel: Gedanken, Einstellungen und geistige Fähigkeiten, Small Talk, Kommunikationsstil, Lernfähigkeit, Flexibilität, (Soziale) Medien

Im Geburtshoroskop: Wenn beispielsweise ein oder mehrere Planeten im 3. Haus in deinem Geburtshoroskop stehen, geht es in diesem Bereich und deren Deutung um Geschwister, Informationsaustausch durch Sprechen und Schreiben und deine Gedankenwelt.

Analogie: Das 3. Haus ist das sogenannte Zwillingshaus und entspricht den Bereichen im Leben, die im Kern mit der Grundthematik des Sternzeichen Zwillings zu tun haben, wie Kommunikation und Austausch.

Kartendeutung: Es geht um deine Kommunikation in einer Situation, vielleicht auch ein Hinweis, dass du nach Informationen forschen sollst.
Fragen, die du dir in Bezug auf dieses Haus und in einer Legung stellen kannst: Hast du das Gefühl, dass du gut kommunizieren kannst? Hast du das Gefühl, gehört zu werden?

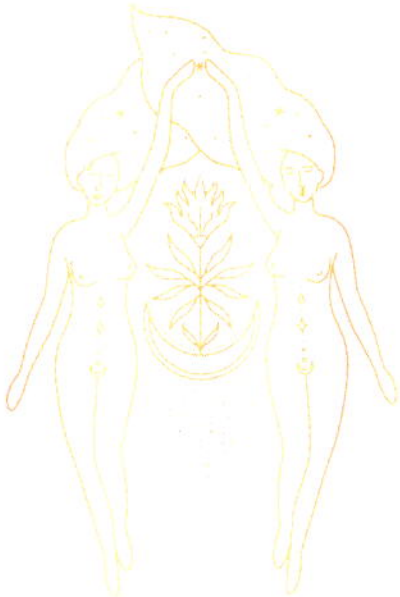

4. Haus: Heim und Familie

Was du auf der Karte siehst: Die Hände der zwei zusammen durchs Leben schreitenden Frauen sind durch einen kleinen Stern verbunden. Die goldenen Linien lassen sie unter einem Dach stehen, Hände tragen sie durchs Sein.

Lebensbereich: Elternhaus, Familie und frühe Einflüsse, Beziehung zur Mutter, ein Gefühl der Zugehörigkeit, Geborgenheit, Heimat, Zuhause, Sicherheit

Deutungsschlüssel: Elternfiguren, Generationsmuster, emotionale Sicherheit, Fürsorge, Pflege, Mutterschaft, Familienbande, Heim und Herd, Nahrung, Wurzeln

Im Geburtshoroskop: Planeten, die im 4. Haus stehen, haben meist mit deinem persönlichen Fundament, der Familie, Heimat und mit Themen wie Mutterschaft oder dem Verhältnis zu Eltern oder Großeltern zu tun.

Entspricht dem IC (Imum Coeli): Das Zeichen, das an der Spitze des 4. Hauses steht, entspricht dem sogenannten Imum Coeli, der tiefste Punkt im Horoskop. Es ist der Bereich, der Intimität und die Seelenheimat eines Menschen darstellt. Es ist der Ort der Wurzeln, der Gefühlsmuster und Vertrautheit.

Analogie: Das 4. Haus ist das sogenannte Krebshaus und entspricht den Bereichen im Leben, die im Kern mit der Grundthematik des Sternzeichen Krebs zu tun haben, wie Familie und Heimat.

Kartendeutung: Es geht um Familienthemen, wie Familiengründung, aber auch dein eigenes Zuhause, deine Heimat und vielleicht Mutter-Themen.
Fragen, die du dir in Bezug auf dieses Haus und in einer Legung stellen kannst: Ist dein Familienleben für deine Seele fördernd? Wie ist dein Verhältnis zur eigenen Mutter? Fühlst du dich in deiner Familie zugehörig? Willst du eine Familie gründen?

5. Haus: Freude und Spiel

Was du auf der Karte siehst: Diese junge Frau scheint in ihr Spiel mit ihrer Kette vertieft zu sein, um sie herum verstärken sich scheinbar bewegende Hände das Thema Spiel und Freude.
Lebensbereich: Sport, schöpferischer Selbstausdruck, Spaß, Unterhaltung, Vergnügen, Leidenschaft, Spiele, Kindlichkeit, Bestätigung des Selbst, Haustiere

Deutungsschlüssel: Freude, Großzügigkeit, Bühne, Flirt, Kinder, (Glücks-)Spiel, Selbstüberschätzung, Liebesaffäre, Spekulation, Mut, Spaß, Hobbys, Party
Im Geburtshoroskop: Durch das Zeichen des 5. Hauses können Astrologen interpretieren, wie man sich gern vergnügt und Spaß gestaltet. Auch steht dieses Haus in vielen Interpretationen für Glückserfüllung.
Analogie: Das 5. Haus ist das sogenannte Löwehaus und entspricht den Bereichen im Leben, die im Kern mit der Grundthematik des Sternzeichen Löwe zu tun haben, wie Hobbys und Leidenschaften.

Kartendeutung: Möglich ist, dass es in einer Situation um deine Kreativität geht oder um etwas anderes, mit dem du dich spielerisch einem Publikum präsentierst und/oder Bestätigung erhoffst.
Fragen, die du dir in Bezug auf dieses Haus und in einer Legung stellen kannst: Kannst du dich kreativ ausdrücken? Erlaubst du dir, dein Leben leidenschaftlich zu leben? Hast du genug Spaß und Vergnügen im Leben?

6. Haus: Arbeit und Routine

Was du auf der Karte siehst: Etwas eingeengt wirkt das Frauengesicht in dem Kreis, fast gefangen. Der Mondzyklus über ihr symbolisiert die immerwährende Wiederkehr des Gleichen, den Rhythmus des Lebens. Die Hände unterstreichen das Thema Arbeit und Routine.
Lebensbereich: Arbeit, Routine, Gesundheit, Hygiene, Gewohnheiten, Dienst, Ernährung, Vernunft, Arbeitsumfeld, Verpflichtungen, Naturverbundenheit
Deutungsschlüssel: Beruf, ehrenhafte Tätigkeiten, Fleiß, Dienst, Ordnung, Effizienz, Tiere, Pflanzen, Garten, Naturmagie, Hilfsbereitschaft, Tagesablauf
Im Geburtshoroskop prägt das 6. Haus das Arbeitsumfeld. Je nachdem, welches Zeichen und welcher Planet darin steht, kann man herausfinden, wie und in welchem Umfeld und Bereich ein Mensch am besten seinem Beruf nachgeht.
Analogie: Das 6. Haus ist das sogenannte Jungfrauhaus und entspricht den Bereichen im Leben, die

im Kern mit der Grundthematik des Sternzeichen Jungfrau zu tun haben, wie Arbeit und Routine.

Kartendeutung: Möglicherweise geht es darum, in einer Lebensthematik oder konkreten Situation mehr Ordnung und Klarheit herzustellen. Vielleicht geht es aber auch konkret um deinen Beruf und deine Arbeit.
Fragen, die du dir in Bezug auf dieses Haus und in einer Legung stellen kannst: Arbeitest du im Team besser oder alleine? Was ist deine tägliche Routine? Hast du ein gutes Urteilsvermögen und folgst deinem gesunden Menschenverstand?

7. Haus: Liebe und Partnerschaft

Was du auf der Karte siehst: In Liebe einander zugewandt, die Hände verbunden und nach oben strebend, stehen die beiden Frauen da, auf Wolken schwebend. Über ihnen schwebt ein Herzsymbol.

Lebensbereich: Liebe, Partnerschaft, Ehe, Beziehungsmuster, Gerechtigkeit, Gesetze, Gesellschaft, Bindungsfähigkeit, Umgang mit Konkurrent*innen, Romantik

Deutungsschlüssel: Lebensliebe, persönliche Beziehungen, (Ehe-)Partner*in, Romantik, Zusammenarbeit und Kompromisse, Verlobung, Heirat, Gerechtigkeit, Gericht

Im Geburtshoroskop: Steht z. B. ein Planet im 7. Haus in deinem Geburtshoroskop, hat er Einfluss auf dein Beziehungsleben und wie du in einer Partnerschaft bist. Ebenso darauf, wie du mit Problemen und Bindungsängsten umgehst.

Entspricht dem DC (Deszendenten): Das Zeichen, das an der Spitze des 7. Haus steht, entspricht dem Deszendenten und dem Achsen-Gegenüber deines Aszendenten. Er steht für unser Partnerbild. Ein idealer Partner könnte daher das Sternzeichen deines Deszendenten haben. Relevanter sind die Eigenschaften, die das Deszendent-Zeichen hat, weil sie dich positiv ergänzen könnten.

Analogie: Das 7. Haus ist das sogenannte Waagehaus und entspricht den Bereichen im Leben, die im Kern mit der Grundthematik des Sternzeichen Waage zu tun haben, wie Partnerschaft und Liebe.

Kartendeutung: Es geht um die Liebe, konkret deine Partnerschaft, die Karte kann auch den*die Partner*in symbolisieren und gibt Hinweise auf die Bindungsfähigkeit einer Person.
Fragen, die du dir in Bezug auf dieses Haus und in einer Legung stellen kannst: Ist der Bereich der Beziehungen in deinem Leben gesund und erfüllend? Fühlst du dich von deinen persönlichen Beziehungen unterstützt?

8. Haus: Transformation und Geheimnis

Was du auf der Karte siehst: Die in die Ferne blickende Frau berührt einen mystisch anmutenden Wal, der vor ihr schwimmt. Als im tiefen Meer lebendes Tier symbolisiert er die Tiefe der Innenwelt. Über ihr schwebt eine Hand mit spirituell versehenen Symboliken.
Lebensbereich: Transformation, inneres Wachstum, Grenzerfahrungen, Tod, Sexualität, Mystik,

Macht, Kontrolle, Fortpflanzung, Wiedergeburt, Erbschaft, das Geld anderer
Deutungsschlüssel: Sex, Macht, Erbschaften, Vermächtnis, Tabu, Eifersucht, Grenzthema, Krankheit, Trauma, Schatten, frühere Leben, Okkultes, Geheimnis
Im Geburtshoroskop: Vor allem, wenn persönliche Planeten im 8. Haus stehen, verweist das auf Lebenskrisen, Kontrollverlust. Wenn man das eigene Schicksal jedoch annimmt, gewinnt man Macht über innere Schatten.
Analogie: Das 8. Haus ist das sogenannte Skorpionhaus und entspricht den Bereichen im Leben, die im Kern mit der Grundthematik des Sternzeichen Skorpion zu tun haben, wie Transformation und Mystik.

Kartendeutung: In einer Situation gibt es geheime Wahrheiten, die bisher nicht ans Licht gekommen sind. Um in einer Sache weiterzukommen, solltest du dich mit einem traumatischen Erlebnis auseinandersetzen.
Fragen, die du dir in Bezug auf dieses Haus und in einer Legung stellen kannst: Hast du Angst vor deiner eigenen Macht oder Probleme mit Kontrolle? Befindest du dich gerade in einer Transformationsphase?

9. Haus: Lernen und Glauben

Was du auf der Karte siehst: Tief in Meditation versunken sitzt diese Frau da, auf deren Körper die Darstellungen der sieben Chakra-Symbole zu sehen sind. Sie stehen für Religiösität und Philosophien, versinnbildlichen aber auch die Lebensthemen und -phasen, die ihnen zugeordnet sind.
Lebensbereich: Abenteuer, Reisen, Bildung, Philosophie, Moral, Religion, wesentliche Ideen, fremde Kulturen, Wahrheitssuche, Schreiben
Deutungsschlüssel: Gerechtigkeit, Moral, Ethik; Erweiterung, Glück, Literatur, Glaube, Spiritualität, Weltoffenheit, Überzeugung, Reise, Fremdsprachen, Kultur
Im Geburtshoroskop: Planeten, die im 9. Haus stehen, bestimmen, wie du Bildung und den Umgang mit Literatur, Wissenschaften und Religion gestaltest. Ebenso, wie deine Abenteuerlust und Lebensphilosophie ausgeprägt sind.

Analogie: Das 9. Haus ist das sogenannte Schützehaus und entspricht den Bereichen im Leben, die im Kern mit der Grundthematik des Sternzeichen Schütze zu tun haben, wie Philosophie und Bildung.

Kartendeutung: Wenn du diese Karte ziehst, ist sie möglicherweise ein Hinweis für dich, den Horizont in einer Situation zu erweitern. Vielleicht empfiehlt es sich auch, wieder mal eine Reise zu machen oder Neues zu lernen.

Fragen, die du dir in Bezug auf dieses Haus und in einer Legung stellen kannst: Besitzt du eine positive Lebenseinstellung? Was ist deine Lebensphilosophie? Bist du offen für fremde Kulturen und Glaubensrichtungen?

10. Haus: Karriere und Erfolg

Was du auf der Karte siehst: Die schöne Frau strebt nach oben: Sie streckt sich in die Höhe, um nach einer strahlenden Sonne zu greifen. Sie steht auf einem Fundament, das durch die Blumensymbolik fruchtbar zu sein scheint. Die Berge im Hintergrund und ihre Körperhaltung deuten an, dass sie auf jeden Fall hochhinaus will.
Lebensbereich: deine Karriere, beruflicher Erfolg, Arbeit, Ziele, Präsenz, sozialer Status, Berufung, öffentliche Anerkennung, Lebensziel, Vaterbild
Deutungsschlüssel: Ehrgeiz, Lebenserfolg, Vater, Autorität, Status, Karriere, Chef, Berufung, Verantwortung, Popularität, Leistung, Entfaltung, Schaffen, Führung

Im Geburtshoroskop: Wenn beispielsweise ein Planet im 10. Haus im Geburtshoroskop steht, prägt er im Wesentlichen deine Karriere. Möglich wären auch Lernaufgaben oder Hindernisse auf dem Weg nach ganz oben an die Spitze des Erfolgs.
Entspricht dem MC (Medium Coeli): Das Zeichen, das an der Spitze des 10. Haus steht, entspricht deinem Medium Coeli, der sogenannten Himmelsmitte im Horoskop. Dieser steht für deine Berufung. Das Zeichen im MC vermittelt Einblick in die eigenen Eigenschaften, Talente und Berufsrichtungen, mit denen man beruflich erfolgreich, zufrieden und, wenn man möchte, Ansehen und Autorität erlangen kann.
Analogie: Das 10. Haus ist das sogenannte Steinbockhaus und entspricht den Bereichen im Leben, die im Kern mit der Grundthematik des Sternzeichen Steinbock zu tun haben, wie Karriere und Erfolg.

Kartendeutung: Diese Karte steht in einer Legung definitiv für das Erreichen deiner Ziele und beruflichen Erfolg. Vielleicht ist es Zeit, deine wahre Berufung zu finden und dieser zu folgen? Du könntest beruflich mehr Verantwortung übernehmen.
Fragen, die du dir in Bezug auf dieses Haus und in einer Legung stellen kannst: In welcher Richtung

möchtest du beruflich langfristig Erfolge feiern? Sind deine Karriereziele greifbar und realistisch? Was bedeutet für dich Autorität und wäre eine Führungsposition ein Thema für dich?

11. Haus: Gemeinschaft und Technik

Was du auf der Karte siehst: Zwei elegante Hände umspielen eine Spirale mit kosmischen Symbolen, scheinbar hängt die ganze Milchstraße wie eine Marionette an den Händen oder wird von ihren unsichtbaren Fäden gelenkt – Symbol für die Technisierung der Welt, aber auch die visionäre Zukunft der Menschen.
Lebensbereich: Freunde, Gemeinschaft, Visionen, Fortschritt, Netzwerke, humanitäre Ziele, Zukunftsdenken, politische Verbände, Teamwork, Kooperationen
Deutungsschlüssel: Trend, Zeitgeist, Computer, Technik, Internet, Zukunft, Gemeinschaft, Freund-

schaft, Teamgeist, Emanzipation, Vereine, soziale Netzwerke

Im Geburtshoroskop: Du erfährst durch das 11. Haus mehr über deine Einstellung zu Freundschaften. Ebenso prägt ein Planet in diesem Haus deinen visionären Geist und wie du grundsätzlich mit Wandel und Veränderungen umgehst.

Analogie: Das 11. Haus ist das sogenannte Wassermannhaus und entspricht den Bereichen im Leben, die im Kern mit der Grundthematik des Sternzeichen Wassermann zu tun haben, wie Freunde und Gemeinschaft.

Kartendeutung: Möglicherweise geht es in einer konkreten Situation darum, den Gemeinschaftssinn zu stärken. Die Karte könnte aber auch einen Hinweis darauf geben, dass man in einer Thematik fortschrittlicher und emanzipierter denken sollte.

Fragen, die du in einer Legung stellen kannst: Hast du einen Sinn für die Gemeinschaft und humanitäre Ziele? Bist du mit deinen Visionen vertraut? Was bedeuten Zukunft und Teamgeist für dich?

12. Haus: Spiritualität und Kunst

Was du auf der Karte siehst: Die ästhetisch ruhende, vielleicht auch schlafende Frau liegt auf einer Wolke gebettet in einem Halbmond, in Verbindung zu ihrem Unbewussten. Über ihr schweben Sterne und Kreissymbole. Sie scheint versunken in die Weisheit der Galaxie.
Lebensbereich: dein spirituelles Leben, Träume, das Unsichtbare, Kunst, Inspiration, psychologische Probleme, Heilungsthemen, göttliche Verbindung
Deutungsschlüssel: Träume, Phantasie, Illusionen, Sucht, Opfer, Täuschung, Rückzug, Weltflucht, (Funk-)Stille, Unterbewusstes, Spiritualität, Paranormales
Im Geburtshoroskop: Wenn beispielsweise ein Planet im 12. Haus in deinem Geburtshoroskop steht, weist er auf die Möglichkeit hin, durch Spi-

ritualität, Rückzug, Meditation und Stille Frieden und Antworten auf quälende Lebensfragen zu finden.

Analogie: Das 12. Haus ist das sogenannte Fischehaus und entspricht den Bereichen im Leben, die im Kern mit der Grundthematik des Sternzeichen Fische zu tun haben, wie Spiritualität und Heilung.

Kartendeutung: Achte auf Suchttendenzen. Höre auf deine Träume und Intuition, sei kreativ und künstlerisch. Wähle in Krisen Stille als Heilung. Beschäftige dich mit Psychologie und Spiritualität.

Fragen, die du einer Legung stellen kannst: In welchem Bereich deines Lebens bist du unrealistisch und leicht zu täuschen? Nimmst du dir genug Zeit für Rückzug?

DIE ASPEKTE: INTERAKTIONEN UND VERBINDUNGEN

Um es so einfach wie möglich auszudrücken: Planetenaspekte beschreiben die Beziehungen zwischen den Planeten. Der Begriff »Aspekte« stammt von lat. *aspectus*, was so viel wie »Anblick« bedeutet. Somit blicken sich einzelne Planeten an und bilden im Horoskop je nach Winkelgrad einen bestimmten Aspekt zueinander. Die Abweichung vom genauen Winkel, die noch toleriert wird, damit ein Aspekt noch als ein Aspekt gilt, wird Orbis genannt. Das Verständnis der Aspekte im Horoskop gibt Einblick in die einzelnen Dynamiken, die sich in deinem Leben abspielen.

Aspekte sind die Beziehungen zwischen den Planeten. Man kann sich das am besten so vorstellen: So wie auch alle Personen in einem Familiensystem aufeinander einwirken, wirken auch die Planeten aufeinander ein und beeinflussen so die Energien des jeweils anderen Planeten. Sie zeigen an, wie eine Person die verschiedenen Energien oder Facetten der eigenen Persönlichkeit kombiniert und im besten Fall ausbalanciert.

Es gibt verschiedene Arten von Aspekten, von denen Opposition und Quadrat als Spannung und Trigon und Sextil als Harmonien bezeichnet werden. Die Konjunktion ist eine energiereiche Verbindung zweier Planeten dicht beieinander in einem Sternzeichen. Auch gelten die Aspekte für Häuserspitzen oder Berechnungspunkte sowie für laufende Transite, d.h. die laufenden Planetenbewegungen, über die man in astrologischen Zeitberichten lesen kann.

Konjunktion: Verschmelzung und Energie (bei 0-8 Grad)

Was du auf der Karte siehst: Sonne und Mond verschmelzen im zentralen Symbol miteinander. Die umgebenden Kreise deuten an, dass hier große Energien und Kräfte fließen und ausgestrahlt werden. Der wunderschöne, goldene Vogel am oberen Rand scheint wie Phönix aus der Asche aufzusteigen.

Bedeutung: Eine Konjunktion gilt als der stärkste Aspekt und ist eine sogenannte Spannung. Verbinden sich zwei Planeten im selben (Stern-)Zeichen nah beieinander, so können sie keinen Winkel bilden. Sie stehen dann in Verbindung, also in einer Konjunktion zusammen. Wenn die Energien der beteiligten Planeten gut miteinander harmonisieren, dann kann dies ein großartiger Aspekt sein, der ein hohes Aktionspotenzial beinhaltet. Wenn die Planeten in ihrer Energie und Wirkung jedoch nicht so gut miteinander harmonisieren, sich also wie zwei Personen rivalisieren, dann kann die kosmische Berührung Zwietracht verursachen. Das hängt damit zusammen, dass man davon ausgeht, dass manche Planeten besser harmonieren, da sie sich ähnlich sind in der Energie, z. B. der gefühlvolle Mond und die sinnliche Venus, oder sich eher widersprechen, wie der antriebsvolle Mars und der eher blockierende Saturn.

Beispiel im Horoskop: *In meinem Beispielhoroskop auf S. 27 wird dir vielleicht auffallen, dass bei mir sowohl die Sonne als auch Merkur, Mars und Chiron in den Zwillingen stehen, allerdings bilden nur die Sonne, Merkur und Chiron Konjunktionen zueinander. Mars steht bei 28 Grad nicht nah genug an den anderen Planeten.*

Im Geburtshoroskop: Wenn du in deinem Horoskop herausfindest, welche Planeten in einer Konjunktion stehen, kannst du auch durch den Ort ihres Zusammentreffens (das Haus, in dem sie stehen) einen Hinweis darauf bekommen, in welchen

Bereichen deines Lebens du wahrscheinlich einen besonderen Antrieb und Energie zur Verfügung hast. Mit vielen Konjunktionen in deinem Horoskop ist es dir wahrscheinlich gut möglich, deine Kräfte gut für deine Ziele auszurichten.

Kartendeutung: Es geht um das Aufeinandertreffen zweier Energien, vielleicht steht die Karte auch für das Treffen zweier Menschen, die beispielsweise in Liebe miteinander verschmelzen. In jedem Fall gibt es eine stark verbindende Energie.

Opposition: Spannung und Gegensätze (bei 180 Grad)

Was du auf der Karte siehst: Auf dieser Karte knistert und zischt es förmlich! Gegensätze wie Sonne, Mond, Yin und Yang, energetische Linien und sogar Blitze verdeutlichen, dass hier Spannungen entstehen können, aber auch Gegensätze zueinander finden können.

Bedeutung: Eine Opposition ist ein Aspekt, bei dem sich Planeten oder Energien fast grad-genau gegenüberstehen, etwa 180° voneinander entfernt. Zwei im Horoskop völlig entgegengesetzte Kräfte auf der Achse, die sich gegenüberstehen im Tierkreis, wie z.B. Widder und Waage. Die Opposition gilt als Spannung, da hier gegensätzliche Kräfte aufeinandertreffen.

Beispiele im Horoskop: Im Tierkreis sind die Zeichen, die sich gegenüberstehen, in der Tat sehr unterschiedlich, wenn man beispielsweise an die Achse Widder-Waage denkt und zwei Planeten sich auf dieser befinden, positionieren sich diese dann im Widerspruch zwischen dem Widder Prinzip: »Ich« und dem Waage Prinzip des »Du«.

Bei mir im Horoskop steht Merkur in den Zwillingen mit Uranus im Schützen in Opposition, das ergibt in mir den Widerspruch zwischen tollen Geistesblitzen und ständigem Stress aufgrund zu vieler Ideen und der Weite an Möglichkeiten.

Im Geburtshoroskop zeigen Oppositionen angeborene Widersprüche. Achte auch darauf, in welchen Häusern sie sich befinden. Das zeigt, in welchem Bereich deines Lebens sich Widersprüche am meisten bemerkbar machen. Mit vielen Oppositionen im Horoskop wirst du dich oft wie hin- und hergerissen fühlen.

Kartendeutung: Wenn man die Kraft der Polarität einer Situation bewusst nutzt, wird sie zu einer Chance. Gewisse Widersprüche machen einen Menschen doch oft erst sympathisch und spannend. In Beziehungen ziehen Gegensätze sich bekanntlich an!

Quadrat: Herausforderung und Disharmonie (bei 90 Grad)

Was du auf der Karte siehst: Die Frau im Meditationssitz ist in sich meditativ versunken, die Schlangenkraft, Kundalini, steigt vom Wurzelchakra aus auf. Sie repräsentiert Shakti, das Erreichen des Kronenchakras stellt die Verschmelzung mit Shiva dar. Doch Blitze und energiereiche Linien verdeutlichen, dass hier auch die zerstörerischen Seiten der Shakti mit am Werk sind und die so erhoffte Harmonie noch nicht hergestellt ist.

Bedeutung: Der Quadrataspekt gilt als schwieriger und provozierender als die Opposition. Ein Quadrat bildet sich, wenn zwei Planeten 90 Grad voneinander entfernt sind. 90 Grad entspricht der Länge von drei Tierkreiszeichen. Menschen mit den eindrucksvollsten Biographien, die im Leben am meisten erreichen, haben oft mit Quadraten und deren Komplikationen zu kämpfen.

Beispiele im Horoskop: *Wenn du einen Blick auf mein Horoskop auf S. 27 wirfst, kannst du vielleicht die Quadratlinie oben zwischen dem Jupiter im Wassermann und dem Saturn im Skorpion erkennen: Es war eine Herausforderung für mich, dass ich trotz vieler guter fortschrittlicher Ideen (Jupiter im Wassermann) erfolgreich wurde. So habe ich sicher gute Chancen verpasst, weil ich blockiert war und mich nicht immer selbst ermächtigt habe, diese auch zu ergreifen (Saturn im Skorpion).*

Im Geburtshoroskop: Wenn in der Astrologie zwei Planeten im Quadrat stehen, dann ist häufig die Psyche der Person, die unter dieser Kombination geboren wurde, in einem inneren Konflikt. Die astrologischen Häuser verweisen auf den Bereich in deinem Leben, an dem du arbeiten musst, um Harmonie zu erzeugen. Oppositionen führen oft zu Konflikten. In den Lebensbereichen, in denen Quadrate stehen, läuft es oft nicht reibungslos.

Kartendeutung: Äußerlich können sich Herausforderungen und Disharmonien in Konflikten mit anderen Menschen und krisenhaften Ereignissen manifestieren, doch sind diese meist nur ein Ausdruck der zugrundeliegenden Spannungen in der Person selbst.

Trigon: Unterstützung und Inspiration (bei 120 Grad)

Was du auf der Karte siehst: Zwei Hände scheinen wachsende und kosmische Geschenke darzureichen, positive Strahlen durchströmen den Raum und lassen die Karte energetisch und harmonisch wirken.

Bedeutung: Das Trigon ist einer der positivsten Aspekte. Dieser Aspekt wird gebildet, wenn zwei Planeten durch einen Winkel von 120° entfernt sind, d.h. dass sie einen Abstand von 4 Zeichen besitzen. Es ist sehr unterstützend, weil zwei Planeten oder Punkte durch die Zeichen dann die gleiche Polarität und das gleiche Element besitzen. Das beflügelt die Wirkenergie.

Beispiele im Horoskop: *In meinem Horoskop steht Merkur in den Zwillingen mit Jupiter im Wassermann im Trigon. Diese Kombination gestaltet mein Denken weit und visionär.*
Im Geburtshoroskop: Planeten, die ein Trigon bilden, können ihr Wirk-Potenzial gemeinsam anheben. So könnte ein Trigon zwischen Sonne und Uranus beispielsweise Originalität und Extra-Erfindungsgeist schenken.

Kartendeutung: Du wirst unterstützt und inspiriert vom Universum, Schutzengeln oder Geistwesen. Du erhältst Hilfe von einem anderen Menschen.

Sextil: Chance und Gelegenheit (bei 60 Grad)

Was du auf der Karte siehst: Die schöne, langhaarige Frau ist umgeben von astrologischen Sextil-Sternsymbolen. Orakelkarten deuten an, dass es hier um Chancen und vielversprechende Zeitqualitäten geht.

Bedeutung: Wie beim Trigon ist auch beim Sextil die Wechselwirkung zwischen den beiden Planeten gut, auch wenn die beiden Planeten unvereinbar erscheinen mögen.
Ein Sextil ist ein Aspekt zwischen Planeten, die 60 Grad voneinander entfernt sind und so die gleiche Polarität haben. In laufenden Transiten läutet übrigens ein Sextil eine Zeit vieler positiver Chancen ein.
Beispiele im Horoskop: *In meinem Horoskop als Beispiel stehen Venus im Stier und mein MC (Medium Coeli) im Krebs in einem Sextil zueinander. Das begünstigt die Chance, dass ich mit meiner Berufung Harmonie und Schönheit in die Welt bringen kann.*
Im Geburtshoroskop: Planeten, die ein Sextil bilden, zeigen im Horoskop Lebenschancen und Gelegenheiten auf, in dessen Planeten- und Zeichenenergie man aktiv werden soll.

Kartendeutung: Es ergibt sich in deinem Leben eine besondere Gelegenheit und Chance, die du nur noch erkennen und dann danach greifen musst!

Idealerweise besteht ein Geburtshoroskop aus einem guten Gleichgewicht von Quadrat- und Trigon-Aspekten. Die Fähigkeiten der Trigone können genutzt werden, um eine Harmonie mit den Quadraten zu erreichen.

LEGEMUSTER

Dein Geburtshoroskop deuten – The Big Three: Dein Sonnenzeichen, dein Aszendent, dein Mondzeichen

1

2

3

4

5

6

Vorbereitung: Wichtig ist es, dass du vorab die korrekten Geburtsdaten: Datum, Zeit und Ort beispielsweise über ein kostenloses Horoskop-

Erstellungstool wie astro.com eingibst und dein Horoskop erstellt hast. Daraus entnimmst du dein Sonnenzeichen (Sternzeichen), AC (Aszendenten) und dein Mondzeichen (Mondsymbol).

Lege wie folgt in die erste obere Reihe:
1. Karte: die Sonne,
2. Karte: das 1. Haus (bzw. Hausspitze) - dein Aszendent,
3. Karte: der Mond

In die zweite Reihe:
4. Karte: dein Sternzeichen
5. Karte: dein Aszendent
6. Karte: dein Mondzeichen

Nimm das Booklet zur Hand, um deine Big three oder die einer anderen Person in den Kombinationen von 1+4, 2+5 und 3+6 zu deuten!

Beispielhoroskop

1. Karte + 4. Karte: z.B. Sonne in den Fischen
Du besitzt wahrscheinlich ein verträumtes Wesen mit kreativen Gaben, das sehr feinfühlig ist und des Öfteren Stille und Rückzug braucht.

2. Karte + 5. Karte: z.B. Aszendent im Widder
Ganz anders, als dein Sonnen- (Stern-)zeichen vermuten lässt, trittst du im Außen sehr extrovertiert und energisch auf. Dein Ehrgeiz wird dich vermutlich v.a. beruflich wie »getrieben« wirken lassen.
3. Karte + 6. Karte: z.B. Mondzeichen Stier
Deine Gefühlswelt ist sehr auf Gewohnheiten und Sicherheiten ausgerichtet. Du brauchst und genießt vermutlich den Halt von der Familie.

Dein Geburtshoroskop deuten – Konkrete Planetenkonstellationen

(Diese Legung kannst du mit jeder beliebigen Planetenstellung aus deinem Horoskop machen)

1

2

3

Vorbereitung: Wichtig ist auch hier, dass du vorab die korrekten Geburtsdaten: Datum, Zeit und Ort beispielsweise über ein kostenloses Horoskop-Erstellungstool wie astro.com eingibst und dein Horoskop erstellt hast. Daraus entnimmst du z.B. die Stellung deines Merkurs im entsprechenden (Stern-)Zeichen und Haus. Lies dann die einzelnen Erklärungen und kombiniere sie in einer Deutung, wie im Beispiel:

1. Karte: Planet Merkur: Merkur steht für Gedanken, Ideen und den mentalen Prozess.

2. Karte: Das Sternzeichen, in dem Merkur steht, zeigt den persönlichen Kommunikations-, Denk- und Lernstil.

3. Karte: In welchem Haus Merkur steht, verrät die Lebensbereiche, in denen du deinen Verstand, Kommunikation und Intellekt gut und sinnvoll einsetzen kannst.

Beispielkonstellation:
z.B. Merkur in der Jungfrau im 7. Haus:

1. Karte + 2. Karte + 3. Karte:
Merkur prägt das Denken eines Menschen und seine Kommunikationsfähigkeit.
Mit Merkur in der Jungfrau ist dein Denken eher sachlich und nüchtern, was sich vor allem im Bereich deiner Beziehungen (7. Haus) widerspiegelt.

Dein Geburtshoroskop deuten –
Dein Mondknoten-Karma: Wo komme ich her und wo soll ich hin?

1 2 3 4

Vorbereitung: In dieser Legung arbeiten wir mit den Mondknoten. Wichtig ist auch hier, dass du vorab die korrekten Geburtsdaten: Datum, Zeit und Ort beispielsweise über ein kostenloses Horoskop-Erstellungstool wie astro.com eingibst und dein Horoskop erstellt hast.

Daraus entnimmst du z.B. die Stellung deines nördlichen Mondknotens im entsprechenden (Stern-)Zeichen und Haus. Aus der Achse, die du auf S. XXX findest, ergibt sich der südliche Mondknoten. Lies dann die einzelnen Erklärungen und kombiniere sie in einer Deutung, wie im Beispiel:

1. Karte: dein südlicher Mondknoten: Hinweis auf altes Karma und frühere Inkarnationen

2. Karte: das Zeichen, in dem dein südlicher Mondknoten steht
3. Karte: dein nördlicher Mondknoten
4. Karte: das Zeichen, in dem dein nördlicher Mondknoten steht

Beispielkonstellation:
z. B. Mondknotenachse Widder-Waage

1. Karte + 2. Karte: z. B. Südlicher Mondknoten im Widder
In der Vergangenheit oder einer früheren Inkarnation warst du eine Amazone und Kämpferin und hast dich kämpferisch für deine eigenen Ziele eingesetzt. Dieses Programm ist dir bekannt und so kommt dieses Muster auch im Alltag oft zum Vorschein.

3. Karte + 4. Karte: z. B. Nördlicher Mondknoten in der Waage
Zukünftig solltest du dich weniger nur auf dich und vielmehr auf deine Beziehung, dein Gegenüber, deinen Partner*in und das Zwischenmenschliche beziehen als gegen Nahe und Romantik anzukämpfen.

Rückläufige Planeten - Retrograde Spread

Legung bei einer aktuellen Planeten-Rückläufigkeit

1

2

3

Schritt 1: Finde zunächst heraus, welche Planeten und in welchem Zeichen rückläufig sind. Das kannst du beispielsweise über die Ephemeriden über astro.com oder über meinen Rückläufigkeitskalender auf meiner Homepage herausfinden.

Schritt 2: Kombiniere die Rückläufigkeit mit Hilfe der Erklärungen zu Planeten und Zeichen aus dem Booklet.

1. Karte: Der Planet, der rückläufig ist, z.B. Merkur
2. Karte: Das Zeichen, in dem der Planet rückläufig ist; auf diese Art und in der Energie des jeweili-

gen Zeichens ist eventuell mit Schwierigkeiten zu rechnen.

3. Karte: Welche Auswirkungen hat die Retrograde auf mich persönlich? Ziehe verdeckt eine Karte aus dem Stapel oder breite alle Karten mit der Rückseite nach oben auf dem Boden/Tisch aus und ziehe eine.

Neumond-Legung

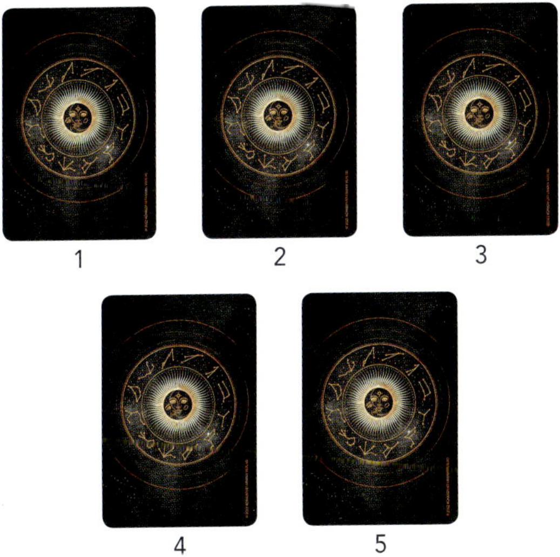

Hierfür kannst du fast alle Karten aus den Astro-Cards verwenden, sortiere lediglich die Aspekte aus. Mache es in dir in einem ruhigen Moment gemütlich, zünde vielleicht eine Kerze an. Mische die Karten und breite alle mit der Rückseite nach oben aus (oder füge sie zu einem Stapel zusammen), ziehe nacheinander verdeckt 5 Karten und lege sie wie oben aus.

1. Karte: Welche Energie ist gerade da und bestimmt deine Situation?
2. Karte: Was willst du in kommender Zeit in deinem Leben neu manifestieren?
3. Karte: Was in dir und welcher Anteil deiner Seele verlangt einen Neuanfang?
4. Karte: Welcher innere neue Samen will in dein Bewusstsein gesät werden?
5. Karte: Magische Botschaft des Neumond für dich

Dies ist eine ganz intuitive Legung, bei der du die Karten instinktiv für dich und deine Seele ziehst und deuten kannst.

Vollmond-Legung

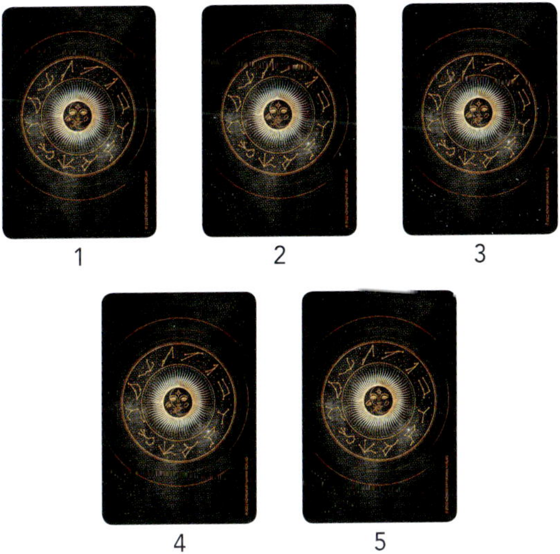

Hierfür kannst du fast alle Karten aus den Astro-Cards verwenden, sortiere lediglich die Aspekte aus. Mache es in dir in einem ruhigen Moment gemütlich, zünde vielleicht eine Kerze an. Mische die Karten und breite alle mit der Rückseite nach oben aus (oder füge sie zu einem Stapel zusammen), ziehe nacheinander verdeckt 5 Karten und lege sie wie oben aus.

1. Karte: Was ist für dich das Hauptthema im vergangenen Mondzyklus?
2. Karte: Was ist dir im vergangenen Mondzyklus bewusstgeworden?
3. Karte: Was darfst du zum Vollmond hin loslassen und verabschieden?
4. Karte: Welcher Traum/Chance erblüht gerade in deinem Leben?
5. Karte: Magische Botschaft des Vollmonds für dich

Dies ist eine ganz intuitive Legung, bei der du die Karten instinktiv für dich und deine Seele ziehst und deuten kannst.

Situationsorakel

Hierfür kannst du alle Karten aus den Astro-Cards verwenden. Mache es in dir in einem ruhigen Moment gemütlich, zünde vielleicht eine Kerze an. Mische die Karten und breite alle mit der Rückseite nach oben aus (oder füge sie zu einem Stapel zusammen). Konzentriere dich auf einen Aspekt oder eine Fragestellung in deinem Leben. Ziehe dann nacheinander verdeckt 3 Karten und lege sie wie folgt aus.

1

2

3

1. Karte: So ist es in der Vergangenheit gewesen, das hast du hinter dir gelassen, vielleicht auch eine Person aus der Vergangenheit oder dein altes Ich, diese Karte steht möglicherweise für eine bestandene Lebenslektion.

2. Karte: Das ist der Ist-Zustand. Vielleicht ein Hinweis darauf, was dich gerade hindert, dich positiv zu entfalten oder in einer Situation weiterzukommen. Möglicherweise offenbart sie aber auch das Positive in deinem Leben zum gegenwärtigen Zeitpunkt.

3. Karte: Gibt einen Hinweis auf eine mögliche zukünftige Tendenz. In diese Richtung kann sich deine Lebenssituation, die Thematik, welche die Legung betrifft, sich dann entwickeln.

Deutungsmöglichkeit Beispiellegung:

1. Karte: z. B. Zwilling: Die Kommunikative

In der Vergangenheit warst du sehr wandelbar und veränderlich, für andere oft schwer zu greifen, weil du dich vielleicht zuerst selbst finden wolltest. Oder du hattest mit Menschen/Partner*in zu tun, die zwei Seiten hatten. Möglicherweise hast du viel an deiner Kommunikation gearbeitet und diese verbessert.

2. Karte: z. B. 7. Haus: Liebe und Partnerschaft

Momentan liegt der Fokus deines Lebens wohl nicht so stark auf deiner eigenen Persönlichkeitsentwicklung, weil du dich damit bereits viel in der Vergangenheit beschäftigt hast. Dein momentanes Lebensglück findest du im Bereich Liebe und Partnerschaft und solltest auch deine Kommunikations-Skills (Zwillinge) hier beweisen.

3. Karte: z. B. Trigon: Unterstützung und Inspiration

Du bekommst, falls es Probleme in der Partnerschaft gibt, zukünftig Unterstützung von außen, vom Universum oder durch professionelle Hilfe. Eine bestehende Partnerschaft bekommt vielleicht einen neuen Schwung.

Impulskarten

Sortiere dir hierfür die 12 Sternzeichen- und 12 Häuserkarten aus dem Kartenstapel heraus und verwende nur diese, die anderen kannst du zur Seite legen.

Mache es in dir in einem ruhigen Moment gemütlich, zünde vielleicht eine Kerze an. Mische die Karten und breite alle mit der Rückseite nach oben aus (oder füge sie zu einem Stapel zusammen), ziehe, wann immer du es möchtest und so oft du willst und einen Impuls benötigst, eine oder mehrere Karten.

Die Karte zeigen dir Fragen auf, die dich dazu anregen, tiefer nachzudenken.

Sie schenken dir unterschiedliche und geistreiche Impulse.

Wenn du eine der Sternzeichenkarten ziehst, geht es um dich selbst, wenn du deine eigene Karte ziehst, oder um eine andere Person, dessen Sternzeichen du kennst und die vielleicht gerade in deinem Leben eine Rolle spielt. Vielleicht hat aber der Archetyp auch Aussagekraft darüber, welche Rolle du verstärkt einnehmen könntest, um deine aktuelle Lebenssituation zu verbessern. Ziehst du eine Häuserkarte, dann weißt du, auf welchen Lebensbereich du dich gerade fokussieren solltest.

Astro-Who is Who-Partyspiel

Mindestens 4 Spieler
Sortiere hierfür die 12 Sternzeichenkarten aus dem Kartenstapel heraus. Wir brauchen nur die 12 Karten für das Astro-Who is Who-Partyspiel als auch gute Laune und Feierstimmung.

Jeder der Spieler zieht zu Beginn verdeckt eine Karte aus dem Stapel und lässt sich nicht anmerken, welche es ist.

1. Runde: Im Uhrzeigersinn beginnt dann der erste Spieler, das Sternzeichen auf seiner Karte mit seinem eigenen Wissen oder mit Hilfe des Booklets anhand der Eigenschaften des jeweiligen Sternzeichens etc. zu umschreiben, ohne es konkret zu nennen. Der Spieler, der es errät, sammelt die Karte dann ein und nimmt sie zu sich.

In den nächsten Runden werden wieder neue Karten gezogen und der Ablauf wiederholt sich, bis alle Karten und Sternzeichen erraten sind.

Der Spieler, der am Ende die meisten Sternzeichenkarten besitzt, hat gewonnen!

Weitere Legesysteme und Legemuster

Mittlerweile gibt es viele Legesysteme online, die für diverse Orakel- oder Tarotkarten, aber auch für die Astro-Cards geeignet sind.

Spezielle Legesysteme für die Astro-Cards findest du laufend aktualisiert auf meiner Website: www.tanjabrock.de

Folgende Kombinationen von Karten in einer Legung, die nebeneinander fallen, geben Hinweise auf die unten genannten Themen. Du kannst die Karten aber auch bewusst so ziehen und nebeneinanderlegen, um mit ihrer Deutung im Booklet einige astrologische Deutungsmöglichkeiten zu erlernen:

Seelenpartner oder Dualseele
7. Haus und südlicher Mondknoten

Vater
Sonne generell, aber auch die Kombination von Sonne und Saturn oder Sonne und Steinbock

Mutter
Der Mond generell, aber auch die Kombination von Mond und Krebs oder Mond und 4. Haus

Trennung
Uranus und 7. Haus

Feind oder Konkurrenz
Widder und Opposition oder Quadrat oder Mars und Widder oder Mars und Opposition oder Quadrat

Heilung
Fische und Chiron,
Neptun und Chiron mit Trigon oder Sextil

Gute Nachrichten
Zwillinge und Trigon oder Sextil,
Zwillinge und Merkur oder 3. Haus
(in der Kombination mit Venus: gute Nachrichten in der Liebe)

Gesundheit
Jungfrau und Chiron

Gewinn und Reichtum
Jupiter und 5. Haus oder Jupiter und Löwe

Reise
Schütze und 9. Haus

Schönheit bzw. eine attraktive Person
Venus Konjunktion Aszendent

Eine Person mit Star-Appeal
Löwe Konjunktion Aszendent oder
Sonne Konjunktion Löwe

Veränderung
Wassermann und Uranus,
Uranus und Konjunktion

SCHLUSSWORT

Jeder kann Astrologie erlernen und ich hoffe, die Astro-Cards helfen dir dabei.

Die Ausbildung zum Astrologen hat nichts mit übersinnlichen Fähigkeiten zu tun, aber mit einer gewissen Gabe zum Interpretieren. Jedoch ist ein psychologisches Grundverständnis und feines Gespür schon hilfreich dabei.

Und vielleicht fragst du dich bei allem Kombinieren mit den Karten und Studieren dieses Booklets, was denn astrologisch gesehen ein Hinweis für eine astrologische Begabung wäre:

- Ein starker Uranus, vielleicht steht er alleine oder in einem Haus, das freigeistiges Wissen, Forschen und Lernen erlaubt (9. oder 3. Haus); Planeten im Wassermann und/oder ein gut besetztes elftes Haus.
- Planeten im Skorpion und/oder im 8. Haus.

Warum Skorpion?
Skorpion-Energie liebt es, Geheimnissen auf die Spur zu kommen, und genau darum geht es ja in der Astrologie.

WEITERFÜHRENDE HINWEISE

Websites zur kostenlosen Horoskop-Berechnung:

Deutsch:
ww.astro.com/de
(zeigt auch die Ephemeriden: Transite und rückläufige Planeten findest du über die Ephemeriden, das ist eine Tabelle mit den täglichen Positionen der Planeten und der Mondknoten)

Englisch:
https://horoscopes.astro-seek.com/

Tipp: Du kannst sogar herausfinden, in welchen jeweiligen Zeichen die Voll- oder Neumonde stattfinden und in welchem astrologischen Haus oder Lebensbereich deines Horoskops der betreffende Mond seine Wirkung entfaltet. Für diese Berechnung empfehle ich die englischsprachige, kostenlose Website. Dort bekommst du eine Übersicht aller Mond-Ereignisse eines Jahres mit Blick auf dein Horoskop. Außerdem sind mögliche Aspekte des Mond-Ereignisses mit deinen Geburtsplaneten aufgeführt.

ZUSÄTZLICHE ANMERKUNG

Für jemanden, dessen Geburtstag in den Bereich zwischen zwei Sternzeichen und einem Zeichenwechsel fällt, führen die Sternzeichen-Angaben, z. B. Widder 21. März bis 20. April, manchmal zu Irritation.

So kann es zum Beispiel sein, dass wie hier im Booklet beispielsweise der 20. April dem Zeichen Widder zugeordnet wird, während du bereits am 19. April schon dem Sternzeichen Stier angehörst. Die Ursache für diese scheinbare Ungenauigkeit, die eigentlich keine ist, ist, dass die Zeichenwechsel der Sonne auch wegen der Schaltjahre nicht jedes Jahr zur gleichen Zeit stattfinden, sondern sich auch um einen Tag verschieben können.

Damit entscheiden in Ausnahmefällen also nur wenige Minuten und Stunden, welches Sternzeichen man tatsächlich ist. Daher ist die Uhrzeit der Horoskop Eingabe u. a. auch sehr wichtig.

Bist du also zu einem Zeitpunkt eines Zeichenwechsels geboren, solltest du mittels der genauen Geburtszeit und des Geburtsortes als Eingabe in einer Horoskop Berechnung den genauen Sonnenstand zum Zeitpunkt ermitteln können.

Weitere Anmerkung: Menschen mit der Sonne oder anderen wichtigen Planeten auf einer Zeichengrenze (zwischen 29° 30‘ und 0° 30‘) mögen sich oft hin und hergerissen fühlen in der Energie zwischen den zwei verschiedenen Archetypen eines Zeichens. Wenn das bei dir der Fall ist, kannst du dir beide Sternzeichen-Karten aus den Astro-Cards hier für die jeweilige Deutung herausnehmen.

BILDNACHWEIS

Gestaltung der Karten, des Booklets und der Box unter Verwendung von Illustrationen von:

Big golden galaxy bundle © anatartan / stock.adobe.com
Karten: Sternenbilder (Widder-Fische), 2., 7., 9. Haus, Konjunktion, Opposition (Sternschnuppen); Booklet: S. 40, 46, 49, 52, 55

The solar system © chathuporn / stock.adobe.com
Karten: Planeten Mars, Venus, Neptun, Pluto, Uranus, Saturn; Booklet: S. 77, 81, 85, 88, 90, 92

Vector illustration set of moon phases © chikovnaya / stock.adobe.com
Umschlag Box und Booklet; Karten: Strahlen Lilith, Rückseite; Booklet: S. 11

Sun and Moon © Darya Gribovskaya / stock.adobe.com
Karten: Rückseite, 5. Haus (Sternschnuppe), 8., 12. Haus (Wolken/Sternbild), Konjunktion (Sternbild), Opposition (Wolke, Mond); Booklet: S. 9

Collection of Mystical and Astrology objects © miobuono / stock.adobe.com
Karten: N. und S. Mondknoten, 1., 5., 7., 9., 11., 12. Haus (Sterne), Sextil (Sterne)

16 vector magical hands set of logo template © Valedi / stock.adobe.com
Karten: 5., 11. Haus (Hände), 6. Haus (Mondphasen); Booklet: S. 110, 120

Big set of magic and astrological symbols © Vidoslava / stock.adobe.com
Karten: 6. Haus (Hände), 8. Haus (Hand), Sextil (Karten); Booklet: S. 14, 121

Magic Woman & Nature © Creative Market / Alisovna
Umschlagrückseite Booklet; Karten: Frauenfiguren & Hände (1.-12. Haus, Aspekte); Booklet: S. 18, 26, 29, 79, 100, Frauen (S. 102, 104, 106, 107, 109, 111, 112, 114, 116, 117, 118, 122, s. auch Karten), S. 151, 155, 157, 159

Astrology Vector Set & Birth Chart © Creative Market / The Gypsy Goddess
Karten: N. und S. Mondknoten, Lilith Symbol; Booklet: S. 95

Astro-Cosmic Event Calendar Creator © CreativeMarket / OpiaDesigns Umschlag Box und Booklet; Karten: Night-Sky-Hintergründe, Planeten-symbole & Goldkreise, Sonne, Chiron, Lilith, N. und S. Mondknoten, Sternzeichen (Widder-Fische), Sonnen- und Mondelement (1.-12. Haus); Booklet: Sterne/Planet oben (S. 7, 157), S. 3-6, 32, Sternzeichen (S. 35, 38, 41, 44, 47, 50, 53, 56, 59, 62, 65, 68, s. auch Karten), S. 72, 89, 91, 94, 123, 125, 127, 129, 131, 132

https://commons.wikimedia.org/wiki/File:Full_moon.jpeg (Urheber: NASA): Karten: Mond; Booklet: S. 74

https://commons.wikimedia.org/wiki/File:Mercury_Globe-MESSENGER_mosaic_centered_at_0degN-0degE.jpg (Urheber: NASA/JHUAPL): Karten: Planet Merkur; Booklet: S. 80

https://commons.wikimedia.org/wiki/File:PIA22946-Jupiter-RedSpot-JunoSpacecraft-20190212.jpg (Urheber: NASA/JPL-Caltech/SwRI/MSSS/Kevin M. Gill): Karten: Planet Jupiter; Booklet: S. 83

Portrait Tanja Brock © Lisa Hantke: S. 158

ÜBER DIE AUTORIN

TANJA BROCK,
geboren 1985, versteht sich als moderne Astrologin. Nach einem Studium der Kunstgeschichte und Geschäftsführung einer Modeboutique schloss sie mehrere psychologische, spirituelle und astrologische Ausbildungen ab. Ihr Ziel ist es, die Weisheitslehre des Kosmos unverstaubt und lebensnah der Welt zu vermitteln.

Auf www.tanjabrock.de und @_innerwisdom_ berichtet sie regelmäßig über die aktuelle Zeitqualität. Mit viel Freude schreibt sie über astrologische und spirituelle Themen und berät Menschen zu ihrem Geburtshoroskop.
Sie lebt in München.

Immer aktuelle Astro-Inspirationen und neue Ideen für die Legungen der Astro-Cards findest du auf ihrer Website www.tanjabrock.de

DANKSAGUNG

Ich möchte vor allem dem Königsfurt-Urania Verlag danken für die wundervolle und liebevolle Zusammenarbeit an diesem Kartenset, von dem ich bereits schon einige Jahre geträumt habe.

Außerdem danke ich meiner Lebenslehrerin Elke sowie den weiteren tollen und unterstützenden Frauen in meinem Leben: meinen besten Freundinnen. Ihr seid meine Seelenfamilie und ich bin sehr dankbar, dass ihr immer an mich glaubt.

Danke, dass ihr da seid, nicht nur, wenn die Sonne scheint, sondern auch, wenn es mal regnet.

Ein großer Dank geht auch an all meine weiteren Wegbegleiter, Klienten und Klientinnen und Unterstützer für die Treue und Liebe, die mir geschenkt wird.

Auch Danke an Dackel Anton, meinen kleinen vierbeinigen Seelenfreund. Der mir die Schreibpausen mit Kuscheleinheiten versüßt hat.